ENCUENTROS

A_tope.com

GRAMMATIK
ZUM NACHSCHLAGEN
UND ÜBEN

Mit Lösungsheft

Cornelsen

A_tope.com

Spanischlehrwerk für Spätbeginner

Grammatik zum Nachschlagen und Üben

Im Auftrag des Verlages erarbeitet von
Alexander Grimm und Katja Zerck

und der Redaktion Fremdsprachen in der Schule:

Matthias Nusser

Projektleitung: Heike Malinowski

Bildredaktion: Nadja Hantschel

Redaktionelle Assistenz: Ute Gebel

Gesamtgestaltung und technische Umsetzung:
graphitecture book, Rosenheim

Umschlaggestaltung: Regelindis Westphal, Berlin

Illustration: Joaquín González Dorao, Madrid

Umschlagfoto: © shutterstock

www.cornelsen.de

1. Auflage, 8. Druck 2019

© 2011 Cornelsen Verlag, Berlin
© 2017 Cornelsen Verlag GmbH, Berlin

Druck und Bindung: Livonia Print, Riga

ISBN 978-3-06-020225-6

PEFC zertifiziert
Dieses Produkt stammt aus nachhaltig
bewirtschafteten Wäldern und kontrollierten
Quellen.

PEFC
PEFC/12-31-006

www.pefc.de

¡HOLA!

Die Grammatik zum Nachschlagen und Üben zu A_tope.com enthält den gesamten Grammatikstoff des Buchs und ein umfangreiches Übungsangebot. Die Lektionen des Buchs und des Grammatikhefts tragen jeweils den gleichen Titel, die Abfolge der Grammatikkapitel orientiert sich an der Chronologie des Buchs.

Im Grammatikteil findest du in der linken Spalte die spanischen Beispielsätze und Tabellen auf gelbem Hintergrund, in der rechten Spalte die dazugehörige Erklärung.

Wo es sinnvoll ist, werden Vergleiche mit anderen Sprachen (Deutsch, Englisch) angestellt.

> Ana **está leyendo** un libro.
> Ana **is reading** a book.

In den grünen Lerntipp-Kästen findest du Ratschläge, wie du dir ein Grammatikkapitel besonders gut einprägen kannst.

LERNTIPP

Merke dir das Verb **tener** so:
tener (tengo, e → ie)

Die roten ¡Ojo!-Kästen enthalten kurz gefasste Regeln oder Merksätze.

¡OJO!

Achte darauf, dass die Personalpronomen **tú** und **él** einen Akzent tragen.

In den Landeskunde-Kästen findest du Informationen zum unterschiedlichen Sprachgebrauch in Spanien und Lateinamerika.

LANDESKUNDE

In Lateinamerika verwendet man anstelle von **vosotros/-as** das Subjektpronomen **ustedes**.

Im Grammatikteil einiger Lektionen findest du in den **Aprender-mejor-la-gramática**-Kästen, wie du am besten Grammatik lernen, üben und wiederholen kannst.

Im **Inhaltsverzeichnis** auf den Seiten 4–7 kannst du nachschlagen, welche Themen in den einzelnen Lektionen behandelt werden.

Wenn du einen grammatischen Begriff nicht kennst, findest du auf S. 152–154 spanische Beispiele sowie die deutsche bzw. spanische Entsprechung. Wenn du gezielt nach einem bestimmten Begriff suchst, schaue im **Index** auf S. 157–159 nach. Dort findest du eine Liste mit allen grammatischen Themen aus diesem Buch. Die Seitenzahlen dahinter zeigen die Fundstelle an.

Der Anhang enthält außerdem ein Kapitel „**Aussprache und Betonung**" (S. 140–141), in dem grundsätzliche Hinweise zur Aussprache des Spanischen gegeben werden, sowie eine **Übersicht der Verbkonjugationen** (S. 142–151).

Besonders nützlich ist die **Autokorrekturliste zur Vermeidung typischer Fehler**, die du immer verwenden kannst, wenn du einen Text schreibst (S. 155).

Mithilfe des **Lösungsheftes** kannst du nach jeder Übung kontrollieren, ob du alles richtig gemacht hast.

Viel Spaß beim Üben und Lernen!

INHALTSVERZEICHNIS

1 Regelmäßige Verben im Präsens | Los verbos regulares en presente

Infinitiv		**hablar**	**comprender**	**vivir**
Singular	1.	hablo	comprendo	vivo
	2.	hablas	comprendes	vives
	3.	habla	comprende	vive
Plural	1.	hablamos	comprendemos	vivimos
	2.	habláis	comprendéis	vivís
	3.	hablan	comprenden	viven

Alle spanischen Verben enden entweder auf -**ar**, -**er** oder -**ir**. Die 1.–3. Person Singular und die 3. Person Plural werden auf dem Stamm betont, die 1. und 2. Person Plural sind hingegen endungsbetont.

¡OJO!

Der Akzent in der 2. Person Plural (**vosotros/-as**) steht bei den Verben auf -**ar** auf dem „a", bei den Verben auf -**er** auf dem „e" und bei den Verben auf -**ir** auf dem „i".

2 Das unregelmäßige Verb ser | El verbo irregular ser

(yo)	**soy**	(nosotros/-as)	**somos**
(tú)	**eres**	(vosotros/-as)	**sois**
(él/ella/usted)	**es**	(ellos/ellas/ustedes)	**son**

Es un amigo de Miguel.
Es estudiante.
Es de México.

LERNTIPP

Lerne alle Formen von **ser** auswendig.

Mit **ser** kannst du z. B. Eigenschaften und Herkunft von Personen und Gegenständen beschreiben.

3 Die einfache Verneinung | La negación simple

No estudio, trabajo.	Ich studiere nicht, ich arbeite.
No hablo francés.	Ich spreche kein Französisch.

Im Spanischen verneint man einen Satz, indem man **no** vor das konjugierte Verb stellt. **No** kann sowohl „nicht" als auch „kein" bedeuten.

4 Der bestimmte und unbestimmte Artikel | El artículo determinado e indeterminado

El artículo determinado	♂	♀
Singular	el chico	la chica
Plural	los chicos	las chicas

Im Spanischen gibt es, anders als im Deutschen, nur maskuline und feminine Nomen und somit auch nur maskuline und feminine Artikel.

El artículo indeterminado

	♂	♀
Singular	un chico	una chica
Plural	Ø chicos	Ø chicas

Miguel es un amigo de Pablo. (… ein Freund …)

Pablo y Miguel son amigos. (… Freunde …)

Der unbestimmte Artikel im Spanischen wird meist nur im Singular verwendet.

Hay **unos** libros en la mesa.

Auf dem Tisch gibt es **ein paar** Bücher.

Cuestan **unos** 8 euros.

Sie kosten **etwa** 8 Euro.

¡OJO!

Die Wörter **unos** und **unas** bedeuten übersetzt „ein paar" oder „etwa".

5 Der Singular und Plural der Nomen | El singular y el plural de los sustantivos

	♂	♀
Singular	el amigo	la amiga
	el profesor	la profesora
	el hotel	la ciudad
	el amor	la región

Nomen auf -**o** sind fast immer maskulin, Nomen auf -**a** fast immer feminin.
Nomen auf -**ión** oder -**ad** sind fast immer feminin, Nomen auf -**or** fast immer maskulin.

	♂	♀
	el joven	la joven
	el estudiante	la estudiante

Bei einigen Nomen (z. B. der/die Jugendliche) kann man das Geschlecht nur am Begleiter erkennen (hier: **el/la**).

la foto	das Foto
la mano	die Hand
el problema	das Problem
el avión	das Flugzeug

LERNTIPP

Es gibt einige wenige Ausnahmen zu diesen Regeln. Bei diesen Nomen musst du den Artikel mitlernen.

Singular	Plural
el amigo	los amigos
la amiga	las amigas
el hotel	los hoteles
la ciudad	las ciudades
la región	las regiones

Nomen, die auf einen Vokal enden, bilden den Plural mit einem -**s**. Nomen, die auf einen Konsonanten enden, bilden den Plural mit -**es**.

Los amigos de Juan son de Madrid.

¡OJO!

In Gruppen mit unterschiedlichem Geschlecht wird die männliche Pluralform verwendet: **Los amigos** können entweder nur Jungen oder Jungen und Mädchen sein.

6 Die Subjektpronomen | Los pronombres sujeto

		♂	♀
Singular	1.	Yo	
	2.	Tú	
	3.	Él/Usted	Ella/Usted
Plural	1.	Nosotros	Nosotras
	2.	Vosotros	Vosotras
	3.	Ellos/Ustedes	Ellas/Ustedes

¡OJO!

Achte darauf, dass die Personalpronomen **tú** und **él** einen Akzent tragen.

Usted bzw. **ustedes** ist in Spanien die Höflichkeitsanrede. Sie entspricht dem Siezen im Deutschen. Man verwendet **usted/ustedes** mit der 3. Person Singular bzw. Plural der Verben.

– Habl**o** alemán.
– **Es** de Málaga.
– Estudi**amos** en el instituto.

Im Spanischen kann man das Subjekt an der Endung des konjugierten Verbs erkennen, daher werden die Verben meistens <u>ohne</u> Pronomen verwendet.

– **Yo** no hablo alemán, pero **ella** sí.
– **Yo** soy de Perú y **él** es de México.

Die Subjektpronomen werden im Spanischen nur verwendet, wenn die Person betont wird oder um Missverständnisse zu vermeiden.

– ¡Hola chicas! ¿**Vosotras** sois de Madrid, verdad?
– ¿**Nosotras**? Sí.

Nosotras/Vosotras/Ellas beziehen sich auf rein feminine Gruppen. Bei gemischten Gruppen wird immer die maskuline Form **nosotros/vosotros/ellos** verwendet.

LANDESKUNDE

In Lateinamerika verwendet man anstelle von **vosotros/-as** das Subjektpronomen **ustedes** (3. Person Plural). In manchen Gebieten, z. B. in Argentinien und Costa Rica, verwendet man außerdem nicht **tú**, sondern stattdessen das Subjektpronomen **vos** (**vos habl<u>á</u>s, vos comprend<u>é</u>s, vos viv<u>í</u>s**). Dieses Phänomen nennt man den **voseo**.

	Spanien	Lateinamerika
Hola chicos,	¿cómo est**áis**?	¿cómo est**án**?
		z. B. Argentinien, Costa Rica
Oye,	¿**tú** ya trabaj**as**?	¿**vos** ya trabaj**ás**?

7 Fragewörter | Los pronombres interrogativos

¿**Qué** escribes?	Was …?
¿**Quién** es? / ¿**Quiénes** son?	Wer …?
¿**Cómo** te llamas?	Wie …?
¿**Dónde** vives?	Wo …?
¿**De dónde** eres?	Woher …?

Das Fragewort ¿**quién?** hat eine Pluralform: ¿**quiénes?**

¡OJO!

Fragewörter tragen immer einen Akzent.

EJERCICIOS

LOS VERBOS REGULARES EN PRESENTE

1 **Completa con la forma correcta de los verbos. | Vervollständige die Sätze mit der richtigen Verbform.**

1. Laura y Pablo _____ (escribir) un texto para la clase de francés.

2. ¿_____ (comer / vosotras) pizza?

3. Ana _____ (bailar) salsa.

4. Miguel y yo _____ (leer) el periódico.

5. Los chicos _____ (escuchar) música hip hop.

6. Tú _____ (tocar) el piano, ¿verdad?

7. Chicas, ¿_____ (vivir) en Madrid, verdad?

8. Yo no _____ (trabajar), _____ (estudiar) en el instituto.

9. Chicos, ¿_____ (hablar) inglés?

10. – Tú _____ (comprender) el texto en alemán, ¿no?

    – Pues sí, _____ (comprender / yo) un poco.

11. Juan y yo _____ (vivir) en Sevilla.

2 **Completa con la forma correcta de los verbos. | Setze die Verben in der richtigen Form ein. Manche Verben kannst du mehrfach benutzen.**

hablar	beber	tocar		tomar	
aprender		vivir	charlar	trabajar	estudiar

Miguel y Pablo _____ juntos en el instituto «Lope de Vega». Los dos chicos

_____ en Madrid. Pablo _____ español y alemán. Miguel no

_____ alemán, pero _____ inglés.

Ahora los chicos _____ en una plaza de Madrid con Teresa y Laura, unas amigas.

Teresa _____ en un hotel. Laura no _____,

_____ en el instituto. En su tiempo libre[1] también _____

francés y _____ la guitarra.

►

Más tarde los chicos _____ algo en la cafetería. Laura _____ un

bocadillo de jamón y un zumo de naranja. Pablo y Teresa _____ un café con leche y

Miguel _____ una coca-cola.

1 **en su tiempo libre** in ihrer Freizeit

EL VERBO IRREGULAR *SER*

3 **Completa los diálogos con el verbo *ser*. | Vervollständige die Dialoge mit der richtigen Form des Verbs *ser*.**

¿Tú _____ Carlos?

Sí, yo _____ Carlos.

Ellos _____ Lucía y Pepe. Lucía _____ de Madrid y Pepe _____ de Sevilla.

Ah, yo _____ Ramón, ¡mucho gusto!

Nosotros _____ estudiantes de aquí, del instituto, ¿y vosotros quiénes _____?

Yo _____ Antonio y ellas _____ mis amigas[1] Maite y Pilar. _____ de Madrid.

1 **mis amigas** meine Freundinnen

4 Lee el texto y contesta las preguntas como en el ejemplo. | Lies den Text und beantworte die Fragen wie im Beispiel.

> Ella se llama Claudia, es de España y vive en Barcelona. Claudia ya no estudia en el instituto, trabaja en el aeropuerto. Habla catalán, español y un poco de inglés. También aprende alemán. Maite es la hermana de Claudia. Maite toca la flauta y baila salsa muy bien. Las chicas escriben muchas cartas porque tienen muchos amigos en otros países.

Ejemplo: La chica se llama Laura, ¿verdad?
No, la chica no se llama Laura, se llama Claudia.

1. Claudia vive en Buenos Aires, ¿verdad?

_____.

2. Claudia estudia en el instituto, ¿verdad?

_____

_____.

3. Claudia habla gallego, árabe y chino, ¿verdad?

_____

_____.

4. Claudia aprende francés, ¿verdad?

_____.

5. Maite toca el piano y baila flamenco, ¿verdad?

_____

_____.

6. Las chicas escriben textos para la clase de alemán, ¿verdad?

_____

_____.

5 ¿Cómo se dice en español? | Übersetze die Sätze ins Spanische.

1. Ich spreche kein Englisch.

_____. ▶

2. Pablo und Laura sind nicht aus Mexiko.

_____ .

3. Ana schreibt keinen Text.

_____ .

4. Teresa nimmt keinen Saft, sie nimmt einen Kaffee.

_____ .

5. Laura ist nicht die Schwester von Ana.

_____ .

EL ARTÍCULO DETERMINADO E INDETERMINADO

6 **Completa las frases con el artículo determinado e indeterminado. | Vervollständige den Text mit dem bestimmten oder dem unbestimmten Artikel.**

Julio es _____ chico de Málaga, _____ ciudad en Andalucía. Estudia en _____ instituto

«Fernando XIII». _____ hermana de Julio se llama Paula. Ella no estudia, pero trabaja en _____

instituto de Julio. Es profesora[1] de francés.

Carlos y Antonio son amigos de Julio. Después de[2] _____ clases _____ chicos toman algo en

_____ cafetería de _____ Plaza Pastores. _____ cafetería se llama «El Andaluz». Victoria y

Luisa, unas amigas de Julio, también toman algo con _____ chicos allí. Julio toma _____ zumo de

naranja, _____ chicas toman _____ café y Antonio toma _____ coca-cola. Carlos no toma

nada, pero come _____ bocadillo. _____ chicos charlan y escriben mensajes[3] a sus amigos.

1 **la profesora** Lehrerin – 2 **después de** nach – 3 **el mensaje** Nachricht, SMS

EL SINGULAR Y EL PLURAL DE LOS SUSTANTIVOS

7 **Escribe el artículo determinado delante de cada sustantivo. Después forma el plural. | Schreibe zu jedem Nomen den zugehörigen bestimmten Artikel. Bilde dann den Plural.**

Manche Nomen kennst du noch nicht. Mithilfe der Regeln auf S. 9 findest du trotzdem die richtige Lösung.

Ejemplo: la amiga – las amigas

1. _____ discoteca – _____

2. _____ texto – _____

3. _____ mesa – _____

4. _____ color – _____

5. _____ edad – _____

6. _____ autor – _____

LOS PRONOMBRES SUJETO

8 Relaciona los pronombres. | Verbinde die Pronomen. Manchmal gibt es mehr als eine richtige Übersetzung. Achte auch auf die Groß- und Kleinschreibung.

ich	du	er	sie	Sie	wir	ihr

yo	ustedes	ellas	él	nosotros	tú	vosotras

nosotras	usted	ella	vosotros	ellos

LOS PRONOMBRES INTERROGATIVOS

9 Completa las preguntas con los pronombres interrogativos. | Vervollständige die Fragen mit den Fragepronomen.

quiénes	cómo	qué	dónde	quién	de dónde

En una fiesta.

Luisa: Hola, ¿_____ te llamas?

Pablo: Me llamo Pablo. ¿Y tú?

Luisa: Soy Luisa, ¡mucho gusto!

Pablo: ¿_____ eres?

Luisa: Soy de Sevilla, pero vivo aquí en Madrid. Y tú, ¿_____ vives?

Pablo: Yo también vivo aquí en Madrid. ¿Y _____ son ellas?

Luisa: Son Ana y Marta, unas amigas.

Pablo: Y ese chico allí, ¿_____ es?

Luisa: Ah, es Carlos, el hermano de Marta. ¿Tomamos algo?

Pablo: Sí muy bien. ¿_____ tomas?

Luisa: Un zumo de naranja, gracias.

10 Subraya el pronombre interrogativo correcto. | Unterstreiche das richtige Fragepronomen.

1. ¿Dónde / De dónde vivís?
2. ¿Qué/Cómo tal?
3. ¿Qué/Cómo estás?
4. ¿Cómo/Dónde te va?
5. ¿Quién/Qué estudias?
6. ¿Quiénes/Quién son ellas?
7. ¿Qué / De dónde es Paula?
8. ¿Qué/Quién es Miguel?
9. ¿Qué/Quién escribes?

LA FAMILIA Y LOS AMIGOS

1 Das unregelmäßige Verb estar und die Verbform hay | El verbo irregular estar y el verbo hay

1.1. Bildung und Gebrauch | Morfología y uso

Infinitiv		estar
Singular	1.	est**oy**
	2.	est**ás**
	3.	est**á**
Plural	1.	est**amos**
	2.	est**áis**
	3.	est**án**

¡OJO!

Vergiss nicht, bei der 2. und 3. Person Singular und Plural die Akzente zu setzen.

¿Dónde **estás**?	Wo bist du (= befindest du dich)?
Estoy en Madrid.	Ich bin (= befinde mich) in Madrid.
El instituto no **está** lejos de aquí.	Die Schule ist (= befindet sich) nicht weit weg von hier.

LERNTIPP

Immer wenn du das Verb „sein" durch „sich befinden" ersetzen kannst, verwendest du **estar** und nicht **ser**.

Hay <u>una</u> estación de metro muy cerca.
Hay <u>unos</u> estudiantes en la calle.
Hay <u>mucha/poca</u> gente en la plaza.
¿**Hay** <u>otra</u> pizza?
Hay <u>dos</u> libros en la mesa.
¿**Hay** zumo?
También **hay** fiestas.

Das Verb **hay** hat im Präsens nur eine Form: die 3. Person Singular. **Hay** bedeutet „es gibt" (vgl. franz. **il y a**).
Hay wird mit dem unbestimmten Artikel, mit **unos/unas**, mit einer Form von **mucho**, **poco** oder **otro**, vor Zahlen und vor Nomen ohne Artikel verwendet.

1.2. Die Verwendung von estar und hay im Kontrast | El uso contrastivo de estar y hay

1. ¿**Hay** zumo?

2. **Hay** <u>un</u> hotel en esta calle.
3. <u>El</u> «Hotel Sol» **está** en esta calle.

4. **Hay** <u>tres</u> libros en la mesa.
5. <u>Mis</u> libros **están** en la mesa.

6. **Hay** <u>unos</u> chicos en la biblioteca.
7. <u>Pablo y Ana</u> **están** en la biblioteca.

Bei Ortsangaben wird **hay** benutzt, wenn das Nomen unbestimmt ist, d.h. wenn vor dem Nomen <u>kein Artikel</u> (1), ein <u>unbestimmter Artikel</u> (2 + 6) oder ein <u>Zahlwort</u> (4) steht.
Bei Ortsangaben wird **estar** benutzt, wenn das Nomen bestimmt ist, d.h. wenn ein <u>bestimmter Artikel</u> (3) oder ein <u>Possessivbegleiter</u> (5) davor steht oder wenn es ein <u>Eigenname</u> (7) ist.

¡OJO!

Hay wird nie mit dem bestimmten Artikel verwendet.

2 Die Kontraktion del | La contracción del

Es un amigo **del** padre.
Es un amigo de la madre.
Es un amigo de los chicos.
Es un amigo de las chicas.

Die Präposition **de** verschmilzt mit dem bestimmten Artikel **el** zu **del**. Die übrigen Formen des bestimmten Artikels verschmelzen nicht.

> **LERNTIPP**
>
> de + el = del

3 Die Possessivbegleiter | Los determinantes posesivos

Singular		Plural	
mi	amigo/-a	mis	amigos/-as
tu	amigo/-a	tus	amigos/-as
su	amigo/-a	sus	amigos/-as
nuestro	amigo	nuestros	amigos
nuestra	amiga	nuestras	amigas
vuestro	amigo	vuestros	amigos
vuestra	amiga	vuestras	amigas
su	amigo/-a	sus	amigos/-as

Die Possessivbegleiter richten sich im Numerus immer nach dem „Besitzgegenstand", vor dem sie stehen.
Nuestro/-a und **vuestro/-a** richten sich zudem immer auch nach dem Genus (Geschlecht) des Nomens.
Im Plural wird den Possessivbegleitern ein **-s** angehängt.
Anders als im Deutschen gibt es im Spanischen für die 3. Person jeweils nur einen Possessivbegleiter. **Su** heißt „sein/e, ihr/e, Ihr/e" (Singular) und **sus** heißt „seine, ihre, Ihre" (Plural).

4 Gruppenverben e → ie + o → ue | Grupos de verbos e → ie + o → ue

Infinitiv		querer (e → ie)	poder (o → ue)
Singular	1.	quiero	puedo
	2.	quieres	puedes
	3.	quiere	puede
Plural	1.	queremos	podemos
	2.	queréis	podéis
	3.	quieren	pueden
ebenso		pensar	volver, sonar, jugar (u → ue)

Verben mit Stammvokalwechsel ändern ihren Stammvokal in den stammbetonten Verbformen, d. h. in der 1.–3. Person Singular und in der 3. Person Plural. Es gibt Verben wie z. B. **querer** und **pensar**, die ihren Stammvokal von **e** zu **ie** (e → ie) ändern und solche wie z. B. **poder** und **volver**, die ihren Stammvokal von **o** zu **ue** (o → ue) ändern.

> **LERNTIPP**
>
> Verben, die zu diesen Gruppen gehören, kannst du dir so merken: **querer** (e → ie), **pensar** (e → ie), **poder** (o → ue), **volver** (o → ue), **sonar** (o → ue), **jugar** (u → ue).

5 Die Verben tener und tener que | Los verbos tener y tener que

Infinitiv		tener
Singular	1.	tengo
	2.	tienes
	3.	tiene
Plural	1.	tenemos
	2.	tenéis
	3.	tienen

Tener gehört zu den Verben mit Stammvokalwechsel. Außerdem hat es eine unregelmäßige Form in der 1. Person Singular.

LERNTIPP

Merke dir das Verb **tener** so:

tener (tengo, e → ie)

Tengo que volver a casa.	Ich muss zurück nach Hause.
Ana **tiene que** estudiar mucho.	Ana muss viel lernen.

Tener que (+ Infinitiv) bedeutet „müssen" (vgl. engl. to have to).

6 Die Modalverben | Los verbos modales

Los chicos **quieren** ir al cine.
Laura no **puede** ir.
Tiene que recoger a su hermano pequeño.

Mit den Modalverben **querer**, **poder** und **tener que** kannst du ausdrücken, ob du etwas tun willst, kannst oder musst. Hinter dem Modalverb steht das Hauptverb immer im Infinitiv.

7 Das Fragewort cuánto/-a | El pronombre interrogativo cuánto/-a

	♂	♀
Singular	¿**Cuánt**o dinero tienes?	¿**Cuánt**a coca-cola hay?
Plural	¿**Cuánt**os prim**os** tienes?	¿**Cuánt**as prim**as** tienes?

Das Fragewort **cuánto/-a** wird in Numerus und Genus an das Nomen, auf das es sich bezieht, angeglichen.

8 Das Adjektiv | El adjetivo

8.1. Bildung | Morfología

♂	♀
un barrio bonit**o**	una ciudad bonit**a**
barrios bonit**os**	ciudades bonit**as**
un barrio grande	una ciudad grande
barrios grand**es**	ciudades grand**es**
un libro genial	una película genial
libros genial**es**	películas genial**es**

Adjektive richten sich in Numerus und Genus nach dem Nomen, auf das sie sich beziehen. Alle Adjektive mit der maskulinen Endung **-o** haben auch eine weibliche Form auf **-a**.

Die meisten Adjektive, die auf **-e** oder einen Konsonanten enden, haben die gleiche Form für Maskulinum und Femininum (z. B. **grande, joven, genial, feliz**).
Der Plural der Adjektive wird wie der Plural der Nomen gebildet (▶ S. 9, § 5).

un chico feliz chicos felic**es**	una chica feliz chicas felic**es**	**¡OJO!** „Z" steht nie vor „e" und „i", deshalb wird bei der Pluralbildung das „z" hier zu „c".
un chico español chicos español**es**	una chica español**a** chicas español**as**	Bei Adjektiven, die eine Nationalität oder Herkunft bezeichnen, wird die feminine Form meistens durch Anhängen eines -**a** an die maskuline Form gebildet.
El ambiente del hotel es tranquil**o**.	Las terrazas del hotel son bonit**as**.	Auch wenn das Adjektiv nicht direkt hinter dem Nomen steht, auf das es sich bezieht, wird es immer in Numerus und Genus angeglichen.

2

8.2. Die Stellung der Adjektive im Satz | La posición de los adjetivos en la frase

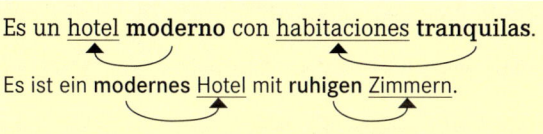

Es un hotel **moderno** con habitaciones **tranquilas**.

Es ist ein **modernes** Hotel mit **ruhigen** Zimmern.

¡OJO!

Anders als im Deutschen stehen die Adjektive im Spanischen in der Regel hinter dem Nomen, das sie näher beschreiben.

9 Die Begleiter mucho/-a, poco/-a, otro/-a | Los determinantes mucho/-a, poco/-a, otro/-a

♂	♀	
much**o** dinero much**os** hoteles	much**a** gente much**as** ciudades	**Mucho**, **poco** und **otro** werden wie ein Adjektiv an das Nomen, auf das sie sich beziehen, angeglichen. Allerdings stehen **mucho**, **poco** und **otro** immer vor dem Nomen.
poc**o** dinero poc**os** amigos	poc**a** gente poc**as** casas	
otr**o** libro otr**os** cedés	otr**a** cafetería otr**as** películas	

Tengo otro libro de él. Ich habe ein anderes / noch ein Buch von ihm.	Das Wort **otro/-a** kann „noch ein/e" oder „ein/e andere/r/-s" bedeuten.
Este verano estamos en otro hotel. in einem anderen Este verano estamos en el otro hotel. in dem anderen	**Otro/-a** kann mit einem bestimmten, aber nie mit einem unbestimmten Artikel stehen.

APRENDER MEJOR LA GRAMÁTICA

Grammatikregeln und Verbformen lernen (1)

Gehe beim Lernen hin und her und sprich die Regel oder die Verbformen mehrmals laut vor dich hin.	➡ Probiere diese Lernstrategie mit **ser** (▶ S. 8, § 2), **poder** (▶ S. 17, § 4) und **tener** (▶ S. 18, § 5) aus.

EJERCICIOS

1 Completa las frases con la forma correcta del verbo *estar*.

1. Laura y Pablo _____ en la biblioteca.

2. La biblioteca no _____ lejos del instituto.

3. Ana y yo _____ en la plaza con Miguel.

4. Miguel habla con Teresa por el móvil. «Teresa, ¿dónde _____?»

5. **Teresa:** «_____ en La Puerta del Sol. Y vosotros, ¿dónde _____?»

6. **Miguel:** «_____ en la plaza. ¿Quedamos hoy por la noche?»

   Teresa: «Vale. Después de las ocho tengo tiempo.»

2 Lee el texto, encuentra la forma correcta de *ser* o *estar* para cada frase y completa el crucigrama. | Lies den Text, wähle die richtige Form von *ser* oder *estar* und fülle das Kreuzworträtsel aus.

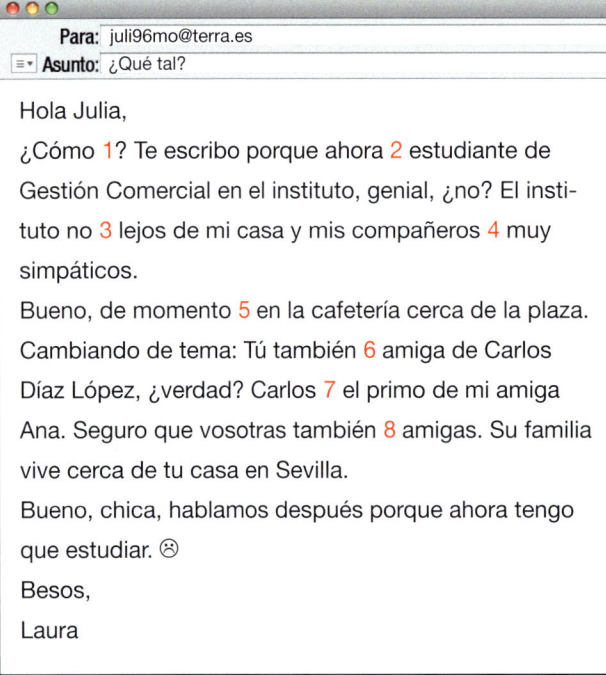

Para: juli96mo@terra.es
Asunto: ¿Qué tal?

Hola Julia,

¿Cómo 1? Te escribo porque ahora 2 estudiante de Gestión Comercial en el instituto, genial, ¿no? El instituto no 3 lejos de mi casa y mis compañeros 4 muy simpáticos.

Bueno, de momento 5 en la cafetería cerca de la plaza. Cambiando de tema: Tú también 6 amiga de Carlos Díaz López, ¿verdad? Carlos 7 el primo de mi amiga Ana. Seguro que vosotras también 8 amigas. Su familia vive cerca de tu casa en Sevilla.

Bueno, chica, hablamos después porque ahora tengo que estudiar. ☹

Besos,

Laura

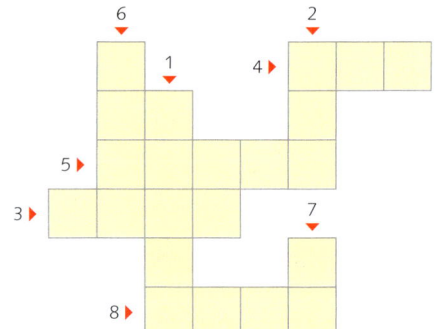

3 Subraya el verbo correcto. | Unterstreiche das richtige Verb.

1. Este **está/es/hay** mi instituto.

2. Mi casa **está/es/hay** lejos de aquí.

3. En el instituto siempre **está/es/hay** muchos estudiantes.

4. El comedor del instituto **está/es/hay** cerca de la biblioteca.

5. En el comedor **están/son/hay** pizza y bocadillos.

6. En mi clase también **están/son/hay** tres compañeros de Latinoamérica.

7. Maribel **está/es/hay** de Panamá.

8. Panamá **está/es/hay** cerca de Costa Rica, en Centroamérica.

9. Hoy por la noche **está/es/hay** una fiesta del instituto en la discoteca «Luna».

10. La discoteca **está/es/hay** en la calle Mayor.

LA CONTRACCIÓN *DEL*

4 Completa el texto con *de* y el artículo determinado.

Hoy por la noche Pablo y sus amigos tienen una fiesta _____ instituto «Lope de Vega».

En la discoteca los chicos hablan _____ clases y _____ exámenes, pero también bailan y

toman algo juntos. En la fiesta también hay otros chicos _____ curso de Pablo. Maribel es una com-

pañera _____ chicos en el instituto y Pedro es un amigo _____ primo de Pablo. Él también

es el novio _____ hermana de Maribel. En la discoteca suena el móvil de Ana, es Teresa, su herma-

na. Ella trabaja en la recepción _____ hotel «Miraflor». El hotel está cerca _____ discoteca y

Teresa también queda con Ana y sus amigos en la fiesta.

LOS DETERMINANTES POSESIVOS

5 Combina los determinantes posesivos con los nombres. | Kombiniere die Possessivbegleiter mit
passenden Nomen. Schreibe alle möglichen Kombinationen auf.

hermanas	clases	libro	problemas	móvil	madre
padres	primas	novio	amigo	compañeras	

1. mis: _____

2. tu: _____ ▶

3. nuestras: _____

4. vuestro: _____

5. sus: _____

GRUPOS DE VERBOS E → IE + O → UE

6 a) Busca las formas de los verbos *pensar*, *querer*, *poder* y *volver* en la sopa de letras. | Welche Konjugationsformen der Verben *pensar*, *querer*, *poder* und *volver* findest du im Buchstabengitter (→ ↓ ↘)?

q	u	i	e	r	é	i	s	p	o	d	á	u	s	i	e
u	p	o	d	e	m	o	s	u	s	á	i	s	e	v	i
q	u	p	o	d	í	p	i	e	n	s	a	s	n	u	e
u	u	i	u	e	n	u	a	d	i	v	i	p	u	e	d
e	v	e	e	v	a	e	i	o	s	u	e	o	e	l	e
r	u	n	r	á	u	d	a	é	n	e	p	d	n	v	n
e	e	s	i	é	a	e	u	i	s	l	v	é	u	o	a
m	l	o	n	l	i	o	l	s	p	e	n	s	á	i	s
o	v	p	i	e	n	s	a	v	q	u	i	e	r	e	s
s	e	á	i	v	u	e	l	v	e	n	p	e	n	s	o
v	u	e	l	v	a	m	o	s	á	s	v	u	e	l	a

b) ¿Qué formas faltan? | Welche Konjugationsformen der Verben fehlen im Gitter?

1. pensar: _____

2. querer: _____

3. poder: _____

4. volver: _____

LOS VERBOS *TENER* Y *TENER QUE*

7 Completa con una forma de los verbos *tener*, *tener que* o *jugar*.

Pablo: Hola Miguel, ¿cómo estás?

Miguel: Hola Pablo, muy bien, gracias. ¿Tú aquí?

Pablo: Sí, mira. Ana y yo _____ al voleibol hoy por la tarde. ¿Y tú y Enrique?

¿_____ tiempo? ¿_____ con nosotros?

▶

Miguel: De Enrique no sé. Pero yo no puedo, no _____ tiempo. Laura y yo

_____ estudiar para el examen de inglés. Pero hoy por la noche _____

al fútbol con unos amigos. Y Marco y su hermano también _____ con nosotros.

Pablo: Marco... Una pregunta[1]: ¿Tú _____ su número nuevo[2]?

Miguel: ¿Número nuevo? ... ¿Marco _____ un número nuevo? ... Pues no sé. Pero él y yo

quedamos aquí en la plaza. Mira, allí está Marco.

Marco: ¡Hola chicos!

Pablo: ¡Hola! Marco, yo no _____ tu número nuevo, ¿sabes?

Marco: Pero yo no _____ _____ un número nuevo. Mi hermano y yo _____

móviles nuevos, pero el número es el mismo[3].

1 la pregunta Frage – 2 nuevo/-a neu – 3 el/la mismo/-a der-, die-, dasselbe

EL PRONOMBRE INTERROGATIVO *CUÁNTO/-A*

8 Mira el escritorio de Pablo y escribe las preguntas. | Schaue dir Pablos Schreibtisch an und schreibe die richtige Frage zu jeder Antwort. Benutze *cuánto/-a/s*.

1. ¿_____? Hay cinco.

2. ¿_____? Hay tres.

3. ¿_____? Hay mucho.

4. ¿_____? Hay muy poca.

5. ¿_____? Hay muchas.

6. ¿_____? Hay uno.

9 a) Completa el texto con la forma correcta de los adjetivos. | Vervollständige den Text mit den Adjektiven. Vergiss nicht, sie anzugleichen!

¡A Sevilla!

Sevilla, la capital de Andalucía, es una ciudad

_____ (moderno), _____

(festivo), _____ (tradicional),

_____ (elegante), _____

(gracioso), _____ (genial)…

Con todos estos adjetivos y muchos más puedes describir[1] esta ciudad, que también es muy

«_____ (español)» y muy «_____ (andaluz)» y que tiene muchos

atractivos[2] _____ (artístico), _____ (cultural),

_____ (social) y _____ (turístico). Así Sevilla es hoy una de las

ciudades más _____ (universal), _____ (fantástico) y

_____ (famoso) del mundo. Visita[3] también Triana, un barrio muy

_____ (antiguo) e _____ (interesante).

1 **describir** beschreiben – 2 **el atractivo** Attraktion – 3 **visita** besuche (Imperativ)

b) ¿Qué significan los adjetivos que todavía no conoces? | Mache eine Tabelle mit den Adjektiven, die du noch nicht kennst und versuche, dir ihre Bedeutung zu erschließen.

10 Relaciona con los determinantes. | Welche Nomen passen zu den Begleitern? Es gibt mehrere Möglichkeiten.

calles	pisos		problema	ambiente
	novio	gente		
hoteles		clases	suerte	fotos

mucha: _____   otro: _____

pocas: _____   muchos: _____

EL DÍA A DÍA

1 Die Uhrzeit | La hora

– ¿Qué hora es? – **Es la** una... / **Son las** dos...

en punto.

... **menos** cinco.   ... **y** cinco.

... **menos** diez.   ... **y** diez.

... **menos** cuarto.   ... **y** cuarto.

... **menos** veinte.   ... **y** veinte.

... **menos** veinticinco.   ... **y** veinticinco.

... **y** media.

Bei der Frage nach der Uhrzeit und bei „ein Uhr" steht das Verb im **Singular**.
Bei allen anderen Uhrzeiten steht das Verb im **Plural**.

Son las <u>dos</u> **y** media. (= halb <u>drei</u>)

Anders als im Deutschen wird nicht schon ab „halb" rückwärts gezählt.

Son las <u>tres</u> **menos** veinticinco.
(= fünf nach halb drei / fünfundzwanzig vor drei)

Erst nach „halb" wird rückwärts gezählt.

Son las **veintidós horas y cuarenta** (minutos).
Es ist 22 Uhr 40.

Nur im Radio, im Fernsehen, auf Bahnhöfen und Flughäfen werden die Stunden von 0–23 gezählt und die Minuten von 1 bis 59 hinzugefügt.

2 Die Verneinung mit tampoco | La negación con tampoco

Tampoco bedeutet „auch nicht" (vgl. engl. **either**, **neither**)

– ¿Dónde está el bar Limón? – No sé. – Yo **tampoco**.
– No hablo francés y **tampoco** hablo italiano.

Tampoco kann allein stehen oder vor dem konjugierten Verb.

3 Die reflexiven Verben | Los verbos reflexivos

Infinitiv	ducharse
Singular	**me** ducho
	te duchas
	se ducha
Plural	**nos** duchamos
	os ducháis
	se duchan

Du kennst reflexive Veben auch aus anderen Sprachen: **lavarse** = **sich** waschen = to wash **oneself** = **se** laver.

ducharse

Im Infinitiv ist das Reflexivpronomen an das Verb angehängt.

Me ducho.	Ich dusche **mich.**
No **me** ducho.	Ich dusche **mich** nicht.

Anders als im Deutschen steht das Reflexivpronomen vor dem konjugierten Verb.

quedar	**sich** verabreden
quedar**se**	bleiben
levantar**se**	aufstehen
acostar**se**	ins Bett gehen

¡OJO!

Nicht alle Verben, die im Deutschen reflexiv sind, sind dies auch im Spanischen (und umgekehrt).

ir: Voy a casa. (gehen)
irse: ¿Por qué te vas? (weggehen)
llamar: Hoy llamo a Pedro. (anrufen)
llamarse: Hola, me llamo Ana. (heißen)

¡OJO!

Einige spanische Verben haben eine andere Bedeutung, wenn sie reflexiv gebraucht werden.

4 Die unregelmäßigen Verben *ir* und *venir* | Los verbos irregulares *ir* y *venir*

Infinitiv		ir	venir
Singular	1.	**voy**	vengo
	2.	**vas**	vienes
	3.	**va**	viene
Plural	1.	**vamos**	venimos
	2.	**vais**	venís
	3.	**van**	vienen

¡OJO!

Die 2. Person Plural von **ir** trägt keinen Akzent.

LERNTIPP

Lerne alle Formen von **ir** auswendig.
Venir kannst du dir so merken:
venir (**vengo**, e → **ie**) (vgl. **tener**).

¿Cuándo **vienes** a Madrid?	Wann **kommst** du nach Madrid? (Der Sprecher befindet sich in Madrid.)

Venir wird benutzt, wenn die Bewegung auf den Standort des Sprechers hingeht.

Voy a Madrid mañana.	Morgen **komme** (fahre) ich nach Madrid. (Der Sprecher befindet sich nicht in Madrid.)

Ir wird benutzt, wenn die Bewegung vom Sprecher weggeht.

5 Die Kontraktion al | La contracción al

Ana llega **al** cine.
Ana llega a la discoteca.
Ana llega a los exámenes.
Ana llega a las clases de salsa.

Die Präposition **a** verschmilzt mit dem bestimmten maskulinen Artikel **el** zu **al** (▶ del, S. 17, § 2).

6 Das direkte Objekt bei Personen (a) | El complemento directo con personas (a)

direktes Objekt = Sache	direktes Objekt = Person
¿No ves el libro?	¿No ves a Ana?
Busco mis libros. (Ich suche)	Busco a mi hermano.

Wenn das direkte Objekt eine Person ist, dann muss die Präposition **a** verwendet werden.

7 Das Futur mit ir a + Infinitiv | El futuro inmediato

ir + a + Infinitiv

Voy	
Vas	
Va	
Vamos	a llamar a Ana.
Vais	
Van	

Das zusammengesetzte Futur wird aus einer konjugierten Form von **ir**, der Präposition **a** und einem Verb im Infinitiv gebildet.

Vamos a ir al cine esta noche.
Mañana **van a** venir mis abuelos.

Das **futuro inmediato** drückt aus, dass etwas in der nahen Zukunft geschehen wird.

8 Die Verben hacer, poner, salir | Los verbos hacer, poner, salir

Infinitiv		hacer	poner	salir
Singular	1.	**hago**	**pongo**	**salgo**
	2.	haces	pones	sales
	3.	hace	pone	sale
Plural	1.	hacemos	ponemos	salimos
	2.	hacéis	ponéis	salís
	3.	hacen	ponen	salen

Es gibt eine Reihe von Verben, die nur in der 1. Person Singular unregelmäßig sind.

EJERCICIOS

LA HORA

1 **Escribe la hora de otra forma. | Wie würdest du die Uhrzeiten sagen?**

Ejemplo: Son las catorce horas y veinte minutos.
Son las dos y veinte.

1. Son las veintidós horas y cuarenta y cinco minutos.

_____

2. Son las trece horas y quince minutos.

_____

3. Son las diecisiete horas y treinta minutos.

_____

4. Son las trece horas y cincuenta minutos.

_____

5. Son las cero horas y treinta y cinco minutos.

_____

LA NEGACIÓN CON *TAMPOCO*

2 **Completa el texto con *también* y *tampoco*.**

En una cafetería...

Camarera: ¡Hola chicos! ¿Qué queréis tomar?

Luis: Para mí un café, un zumo de naranja y un bocadillo de

queso, por favor.

Carlos: Para mí _____.

Camarera: Entonces dos cafés, dos zumos de naranja y dos

bocadillos de queso.

Carlos: ¡No! Yo _____ quiero un café, pero no quiero un zumo, sólo un café, por favor.

Camarera: ¿Y _____ quieres un bocadillo de queso?

▶

Carlos: No gracias, de queso no.

Camarera: ¿Y de jamón?

Carlos: No, _____.

Camarera: Oye chico, no te comprendo. Entonces, ¿qué quieres?

Carlos: Vale, vale, otra vez: Yo _____ tomo un café, pero no tomo un zumo y

_____ un bocadillo. No como queso y _____ jamón.

Camarera: ¡Uff! Entonces dos cafés, un zumo y un bocadillo, ¿correcto?

Carlos: Sí, correcto. Ah, y _____ un cruasán, por favor.

LOS VERBOS REFLEXIVOS

3 **Ordena las palabras, conjuga el verbo reflexivo y escribe frases como en el ejemplo.| Ordne die Wörter, konjugiere das reflexive Verb und schreibe die Sätze.**

Ejemplo: de sus profesores / **quejarse** / siempre / Ana y Laura
Ana y Laura siempre se quejan de sus profesores.

1. ¿y tú? / **llamarse** / ¡Hola! / [yo] / Susana

_____

2. domingo / es / hoy / tarde / [ellos] / y / **levantarse**

_____

3. **ducharse** / no / ¿verdad? / temprano / [vosotras]

_____

4. ¿ / [usted] / de / **quejarse** / trabajo / por qué / su / ?

_____

5. y / cenamos / mi hermano y yo / nuestros padres / con / en / hoy / casa / **quedarse**

_____

_____

6. con tus hermanas / muy bien / [tú] / **llevarse**

_____

7. once / siempre / Juan / a / media / **acostarse** / y / las

_____

4 **a) Encuentra las parejas y conjuga los verbos *ir* y *venir*. | Kombiniere immer zwei Kästchen und bilde so die Konjugationsformen der Verben *ir* und *venir*. Schreibe sie in der Tabelle an die richtige Stelle.**

vo   vien   es

is   ven

mos

y   va

en

s   ís

va

vien   va

	ir	venir
yo		
tú		
él/ella/usted		
nosotros/-as		
vosotros/-as		
ellos/ellas/ustedes		

b) Completa la tabla con las formas que faltan. | Welche Konjugationsformen der Verben fehlen? Vervollständige in die Tabelle.

5 **Completa el texto de Catuxa, una chica de Galicia, con las formas de *ir* y *venir*. | Vervollständige den Text über Catuxa, ein Mädchen aus Galicien, mit den richtigen Formen von *ir* und *venir*.**

Me llamo Catuxa. Vivo aquí en Madrid, pero soy de Galicia, en el norte de España. Mi familia _____ de Santiago de Compostela.

De lunes a viernes me levanto temprano y _____ al instituto. Por la tarde mis amigas y yo _____ a la plaza para charlar, pero a veces yo

Santiago de Compostela

_____ a casa de mi prima Ana o ella _____ a mi casa.

En las vacaciones, también _____ mis tíos de Santiago a Madrid. Y a veces mis padres y

yo _____ a Galicia para ver a mis abuelos. Ellos también viven allí. Sólo mi hermano

Marco nunca _____ a Galicia. Él prefiere quedarse en Madrid. ¡Qué aburrido!

6 Completa los diálogos con la preposición *a* y el artículo determinado. | Vervollständige die Dialoge mit der Präposition *a* und dem bestimmten Artikel.

1. – ¿Vamos _____ cine mañana y después _____ restaurante «Tres Equis»?

   – No puedo. Mañana voy _____ boda de mi primo.

2. – ¿Quién es la chica allí?

   – Es Luisa. Va _____ instituto con nosotros, es muy guapa, ¿no?

3. – ¿Vas _____ fiesta de Mario el sábado _____ ocho?

   – ¡No! No aguanto _____ primos de Mario.

3

EL COMPLEMENTO DIRECTO CON PERSONAS (*A*)

7 ¿Cómo se dice en español? | Wie sagt du es auf Spanisch?

1. Luisa trinkt am Morgen ein Glas Milch.

_____

2. Danach nimmt sie den Bus und fährt ins Büro.

_____

3. Manchmal sieht sie im Bus ihre Chefin.

_____

4. Im Büro schreibt sie viele Geschäftsbriefe.

_____

5. Sie muss auch die Kunden anrufen.

_____

6. Nach der Arbeit holt sie ihren Bruder vom Schwimmbad ab.

_____

7. Abends schaut sie einen Film im Fernsehen.

_____

8. Am Wochenende schreibt sie ihren Freunden E-Mails.

_____

8 Mira la agenda de la Señora Pepa Martínez. Después contesta las preguntas de sus hijos Luisa y Diego. Utiliza el futuro inmediato. | Sieh dir den Terminkalender von Pepa Martínez an und beantworte die Fragen ihrer Kinder Luisa und Diego. Verwende das *futuro inmediato*.

lunes 18	martes 19	miércoles 20	jueves 21	viernes 22
13:30	08:00	19:45	15:00	21:00
Luisa come con la abuela	Organizar la reunión de la oficina ¡yo sola!	Ana llega de Madrid	Diego y Luisa: piscina con la tía Paula	Ir a la fiesta de Pedro ¡toda la familia!

1. **Luisa:** Mamá, ¿puedo ir a tu oficina el lunes a la hora de comer?

   Pepa: No hija, no puedes porque _____.

2. **Diego:** ¿Por qué empiezas tan temprano el martes?

   Pepa: ¿Por qué? ... Porque _____

   _____.

3. **Diego:** ¿Mamá, vamos al cine el miércoles a las ocho?

   Pepa: No puedo hijo, porque _____.

4. **Luisa:** ¿Y qué hacemos el jueves?

   Pepa: _____.

5. **Diego:** Entonces el viernes nos quedamos en casa y vemos una película, ¿no?

   Pepa: No, porque _____

   _____.

6. **Luisa:** Pero el fin de semana hacemos algo bonito sólo nosotros tres, ¿vale?

   Pepa: ¡Vale! _____ (comer) una pizza y después

   _____ (ir) al cine, ¿de acuerdo?

   Diego: De acuerdo. ¡Y el domingo _____ (levantarse)

   muy tarde!

3

9 a) Completa las tablas con las formas de los verbos *hacer*, *poner* y *salir*. | Ergänze die Tabellen mit den Formen von *hacer*, *poner* und *salir*, soweit es möglich ist. Achte auf die Verbendungen!

1.
	go

2.
	es

3.
	e

4.
	emos

5.
	ís

6.
	en

b) ¿Qué formas faltan? | Welche Konjugationsformen der Verben fehlen? Schreibe sie auf.

1. hacer: _____   2. poner: _____   3. salir: _____

10 Completa el diálogo con las formas de *hacer*, *poner*, *salir* y *tener*.

Elena: Hola Pedro, ¿qué _____?

Pedro: ¡Ya ves! ¡_____ mi trabajo! Y _____ los carteles con los nombres

de los participantes para la reunión aquí en las mesas, ¿por qué?

Elena: ¿Cómo? ... ¿Qué carteles _____ en las mesas? Aquí no es la reunión de los clientes.

Es en la sala 3, pero no es importante. Carolina y yo _____ los carteles allí y tú

_____ las otras fotocopias, ¿vale?

Pedro: Vale, vale, muy bien.

Elena: Oye, otra pregunta, ¿a qué hora _____ hoy?

Pedro: No sé... a las siete, pienso. ¿Por qué?

Elena: Mira, Carolina _____ a las cinco y media y yo _____ a las seis.

Queremos ir a tomar algo al bar «Pepe». ¿Vienes con nosotras?

Pedro: No sé..., tal vez..., pero... ¿Por qué _____ tan temprano?

Elena: Porque nosotras dos _____ muchas horas extra[1].

Pedro: ¿Horas extra? ... Yo también _____ muchas horas extra. ¿Sabes qué? ... Entonces

tú y yo _____ a las seis y vamos al «Pepe» juntos, ¿vale?

Elena: ¡Muy bien!

1 las horas extra Überstunden

EVALUACIÓN

Gesamtpunktzahl _____ von 60 Punkten

_____ / 18 Punkten (2 je Frage)

1. a) Bei welchen Wörtern hat der Akzent nichts mit der Betonung zu tun? Markiere sie.

- [ ] cómo
- [ ] México
- [ ] de dónde
- [ ] adiós
- [ ] charláis

- [ ] cuándo
- [ ] la cafetería
- [ ] qué
- [ ] allí
- [ ] quiénes

- [ ] el periódico
- [ ] el fútbol
- [ ] comprendéis
- [ ] vivís
- [ ] después

LERNTIPP

Die Betonungsregeln findest du auf S. 141.

b) Was sind das für Wörter?

_____

2. Welche dieser Nomen auf -a sind maskulin, welch3e auf -o sind feminin? Markiere sie mit el und la.

_____ foto	_____ problema	_____ tiempo	_____ taxista
_____ cosa	_____ amiga	_____ comida	_____ retraso
_____ hijo	_____ mano	_____ día	_____ documento

3. Mit welchen Verbformen werden usted und ustedes verwendet? Markiere mit einem x (usted) und einem y (ustedes).

- [ ] 1. Person Singular
- [ ] 2. Person Singular
- [ ] 3. Person Singular

- [ ] 1. Person Plural
- [ ] 2. Person Plural
- [ ] 3. Person Plural

4. Übersetze die folgenden Sätze. In welchen Fällen wird das deutsche Verb „sein" mit dem spanischen Verb estar wiedergeben?

1. Madrid ist in Spanien. _____

2. Madrid ist die Hauptstadt Spaniens. _____

3. Wo ist Pablo? _____

4. Pablo ist ein Freund von Miguel. _____

5. Nenne die drei möglichen deutschen Übersetzungen von su padre.

_____

6. Ordne die Verben in drei Gruppen: Verben mit Stammvokalwechsel *e → ie*, *o → ue*, *u → ue*.

	e → ie	o → ue	u → ue
sonar tener			
querer jugar			
pensar poder			
volver empezar			
cerrar acostarse			
preferir			

E1

7. Wie werden Adjektive im Spanischen angeglichen und wie bilden sie den Plural? Nenne drei Beispiele.

_____

_____

_____

8. Welche der folgenden Verben sind im Deutschen nicht reflexiv?

☐ levantarse   ☐ llevarse bien con alguien   ☐ enfadarse

☐ ducharse   ☐ quedarse   ☐ acostarse

9. Übersetze die folgenden Sätze.

1. Ich sehe Marco nicht. Wo ist er? _____

2. Ich sehe dein Auto nicht. Wo ist es? _____

II. VERBOS IRREGULARES

_____ / 15 Punkten (0,5 je Form)

Vervollständige die Tabelle mit der Konjugation der Verben. Du hast nur vier Minuten Zeit!

	venir	ir	querer	poder	estar
[yo]					
[tú]					
[él/ella/usted]					
[nosotros/-as]					
[vosotros/-as]					
[ellos/ellas/ustedes]					

III. *SER Y ESTAR*

Übersetze die Sätze ins Spanische in dein Heft.

1. Die Schule ist nicht weit vom Zentrum.
2. Seid ihr Geschwister?
3. Die Bibliothek ist sehr groß.
4. Luis und Julia sind aus Madrid.
5. Bist du zu Hause?
6. Wir sind Freunde.

IV. ADJETIVOS

Sieh dir die Nomen und die Adjektive an und mache ein Kreuz bei allen möglichen Kombinationen.

	fantástica	grandes	españolas	bonito	ruidosos	elegantes	genial
unas chicas							
un restaurante							
una idea							
unos bares							
un barrio							
una ciudad							

V. CONOCIMIENTO GLOBAL

Im Text stehen einige Wörter nur zur Hälfte. Hat das Wort eine ungerade Buchstabenzahl, fehlt ein Buchstabe mehr als die Hälfte. Das heißt, wenn z. B. drei Buchstaben vor einer Lücke stehen, musst du noch drei Buchstaben ergänzen oder maximal vier. Aber niemals weniger oder mehr als das!

Mariana cuenta de su día a día:

Durante l_____ semana me lev_____ a las siete y me_____. Des_____ me ducho y

desa_____ galletas y café con le_____. A l_____ ocho y media salgo d_____ casa y

voy a_____ instituto. Por la mañ_____ mis clases empi_____ a las nu_____.

A l_____ doce del medi_____ como en el com_____ del instituto. A las cuatro v_____

a casa. Estudio un po_____ y después ce_____ con m_____ familia. P_____ la

no_____ veo la te_____, pero a veces v_____ a casa d_____ un am_____.

Me acu_____ a l_____ diez. Pero el fin de sem_____ me acuesto más tarde.

UNIDAD 4 ¿TE GUSTA?

1 Die Verlaufsform | Estar + gerundio

1.1. Bildung | Morfología

Verben auf -**ar**: habl**ando**	
Verben auf -**er**: com**iendo**	
Verben auf -**ir**: escrib**iendo**	

Das **gerundio** wird aus dem Stamm des jeweiligen Verbs und den Endungen -**ando** (bei den Verben auf -**ar**) und -**iendo** (bei den Verben auf -**er** und -**ir**) gebildet.

leer → le**y**endo	ir → **y**endo
creer → cre**y**endo	

Das -**i**- wird durch ein -**y**- ersetzt, wenn es zwischen zwei Vokalen steht.

e → i	o → u
decir → diciendo	dormir → durmiendo (schlafen)
preferir → prefiriendo	
pedir → pidiendo (bitten)	morir → muriendo (sterben)
repetir → repitiendo (wiederholen)	
seguir → siguiendo (weitermachen)	poder → pudiendo
sentir → sintiendo (fühlen)	
venir → viniendo	

Bei einigen Gruppenverben ändert sich der Stammvokal im **gerundio**.

LERNTIPP

Lerne diese Formen auswendig.

Estoy	
Estás	
Está	habl**ando**.
Estamos	com**iendo**.
Estáis	escrib**iendo**.
Están	

Die Verlaufsform wird aus einer konjugierten Form des Verbs **estar** und dem **gerundio** gebildet.

¡OJO!

Das **gerundio** ist eine unveränderliche Form.

1.2. Gebrauch | Uso

Estoy comiendo. → Ich esse gerade.
¿Estás estudiando? → Lernst du gerade?

Mit **estar** + **gerundio** drückt man aus, dass etwas gerade geschieht. Im Deutschen verwendet man hierfür oft das Adverb „gerade".

Ana **está leyendo** un libro.
Ana **is reading** a book.

Estar + **gerundio** entspricht im Englischen dem **present progressive**.

Me estoy levantando. = Estoy levantándo**me**.
¿Por qué **te** estás quejando? = ¿Por qué estás quejándo**te**?

Bei den reflexiven Verben steht das Reflexivpronomen entweder vor der konjugierten Form von **estar**, oder es wird an das **gerundio** angehängt. Im letzten Fall trägt die drittletzte Silbe einen Akzent.

2 Das indirekte Objektpronomen | El pronombre de complemento indirecto

Ana	me te le nos os les	da el libro.	mir dir ihm/ihr/Ihnen uns euch ihnen/Ihnen

Die indirekten Objektpronomen sind außer in der 3. Person identisch mit den Reflexivpronomen (▶ S. 26, § 3).

Le escribe. = Er/Sie schreibt **ihm/ihr/Ihnen**.
Les escribe. = Er/Sie schreibt **ihnen/Ihnen**.

Die indirekten Objektpronomen **le** und **les** haben mehrere Bedeutungen.

¿**Le** vas a preguntar? Indirektes Objektpronomen (wem?)
Wirst du **ihn/sie** fragen? Direktes Objektpronomen (wen?)

¡OJO!

Die Verwendung von direkten und indirekten Objektpronomen stimmt im Spanischen und im Deutschen manchmal nicht überein.

2.1. Die Stellung des Pronomens | La posición del pronombre

Le <u>voy</u> a mandar una carta.
¿Por qué no **me** <u>escribes</u>?

Das **Pronomen** kann immer vor dem <u>konjugierten Verb</u> stehen.

1. **Le** estoy escribiendo. = Estoy escribiéndo**le**.
2. ¿**Me** puedes escribir? = ¿Puedes escribir**me**?

In einem Satz mit **gerundio** (1.) oder mit einem Infinitiv (2.) kann das indirekte Objektpronomen an das **gerundio** oder den Infinitiv angehängt werden.

3 Verben des Typs gustar und parecer | Los verbos del tipo gustar y parecer

3.1. Die Verben gustar, encantar, molestar, importar, interesar

(A mí) (A ti) (A él/ella/usted) (A nosotros/-as) (A vosotros/-as) (A ellos/-as/ustedes)	me te le nos os les	gusta gustan	la música. hacer deporte (y leer). las películas. el fútbol y el tenis.	**gusta** + best. Artikel + Nomen im Singular **gusta** + Infinitiv(e) **gustan** + best. Artikel + Nomen im Plural **gustan** + best. Artikel + mehrere Nomen

<u>Me</u> **encanta** leer.
¿<u>Te</u> **molesta** la radio?
No <u>me</u> **importa**.

Vor den Verben des Typs **gustar** steht immer ein <u>indirektes Objektpronomen</u>.

A mí <u>me</u> encanta bailar.
A Juan no <u>le</u> gusta bailar.
A nosotros <u>nos</u> interesa la música clásica.

Wenn besonders betont werden soll, **wem** etwas (nicht) gefällt oder **wen** etwas (nicht) interessiert/stört, wird das <u>Objekt</u> verdoppelt.

La película me gusta. = Der Film gefällt mir.

Las películas me gustan. = (Die) Filme gefallen mir.

Me gusta mucho cantar. = Cantar me gusta mucho.
Le encantan las películas. = Las películas le encantan.

Me encanta el cine. = Me gusta mucho el cine.

Welche Form von **gustar/encantar/molestar/importar/interesar** gebraucht wird, richtet sich nach dem Subjekt.

Das Subjekt kann am Anfang oder am Ende des Satzes stehen.

3.2. Das Verb parecer

¿Qué	te	parece la película?
	le	
	os	
	les	parecen estos vaqueros?

Während man mit den Verben des Typs **gustar** nur fragen kann, **ob** etwas gefällt/stört/interessiert (**¿Te gusta/molesta/interesa?**), kann man mit **parecer** fragen, **wie** jemand etwas findet.

El libro me **gusta** mucho/bastante.
Esta película no nos **gusta** nada.
El libro me **parece** interesante.
Esta película nos **parece** aburrida.

Das Verb **parecer** unterscheidet sich von den Verben des Typs **gustar**, weil es nicht mit **mucho**, **bastante** und **nada** steht, sondern mit Adjektiven, mit denen wiederum die Verben des Typs **gustar** nicht stehen können.

La película	me	parece bonita.
	le	
Estos vaqueros	nos	
	les	parecen ajustados.

¿Qué te parece la película? – Me parece **bien/mal**.

Parecer kann zudem auch mit den Adverbien **bien** und **mal** verwendet werden.

4 Die Verben decir und dar | Los verbos decir y dar

Infinitiv	decir (e → i)	Infinitiv	dar
Singular	digo	Singular	doy
	dices		das
	dice		da
Plural	decimos	Plural	damos
	decís		dais
	dicen		dan

Das Verb **decir** gehört zu den **Gruppenverben mit Stammvokalwechsel e → i**. Zudem hat **decir** in der 1. Person Singular eine unregelmäßige Form.

Das Verb **dar** hat ebenfalls eine unregelmäßige Form in der 1. Person Singular und trägt in der 2. Person Plural keinen Akzent.

5 Die Fragepronomen cuál und qué im Kontrast | Los pronombres interrogativos cuál y qué

– Me gusta esa camiseta.
– ¿**Cuál** (quieres)?
– La verde.

– Prefiero esas camisetas.
– ¿**Cuáles** (prefieres)?
– Las negras.

– ¿**Qué** *camiseta* te gusta?
– La amarilla.

– ¿**Qué** *camisetas* prefieres?
– Las negras.

Für das deutsche Fragewort „welche/r/-s" gibt es im Spanischen zwei Übersetzungen: **Cuál/cuáles** und **qué**.

Cuál/cuáles steht allein oder mit einem Verb, **qué** steht (in der Bedeutung „welche/r/-s") immer mit einem *Nomen*.

6 Die Demonstrativbegleiter und -pronomen | Los determinantes y pronombres demostrativos

		♂	♀
aquí:	Singular	este vestido	esta blusa
	Plural	estos pantalones	estas camisetas
ahí/allí:	Singular	ese vestido	esa blusa
	Plural	esos pantalones	esas camisetas

Durch **este/-a** und **ese/-a** wird im Spanischen unterschieden, ob sich eine Sache (oder Person) eher in der Nähe des Sprechers oder des Zuhörers befindet.

Este vestido **aquí** es muy caro.
... **das** Kleid **hier** (= beim Sprecher)
Mira, **ese** vestido **ahí** es barato.
... **das** Kleid **dort** (**drüben**) (= etwas weiter weg vom Sprecher)

Mit **este/-a** und **ese/-a** kann auch angezeigt werden, ob sich ein Gegenstand direkt beim Sprecher oder etwas weiter weg befindet (vgl. **this/that** und **these/those** im Englischen).

7 Das Relativpronomen que | El pronombre relativo que

1. La blusa **que** está encima de la cama no me gusta.
2. ¿Por qué no te pruebas los zapatos **que** llevo yo?

Das Relativpronomen **que** ist unveränderlich. Es kann im Relativsatz Subjekt (wer?/was?) (1.) oder direktes Objekt (wen?/was?) (2.) sein.

8 Der Gebrauch von ser und estar mit Adjektiven | El uso de ser y estar con adjetivos

estar + Adjektiv → **(vorübergehender) Zustand**
Laura **está** nerviosa porque tiene una reunión.
Miguel **está** contento con la fiesta.
El vaso **está** vacío.
Hoy Pablo **está** triste.

ser + Adjektiv → **Charakter oder Eigenschaft**
El profe de inglés **es** muy inteligente y simpático.
La clase de alemán **es** interesante.
El centro de Madrid **es** bastante ruidoso.
La Sra. Ruiz **es** tranquila y seria.

Für das deutsche Verb „sein" gibt es im Spanischen zwei Verben: **ser** und **estar**.

Das Verb **estar** wird verwendet, um einen vorübergehenden Zustand zu beschreiben.

Steht das Verb **ser**, wird eine grundsätzliche Eigenschaft der Sache/Person beschrieben.

¡OJO!

Die Adjektive müssen immer an das Subjekt angeglichen werden.

ser + Adjektiv → **Aussehen**

Pablo **es** alto y delgado.

La Sra. Ruiz **es** elegante y joven.

La terraza **es** grande y moderna.

El coche **es** rojo.

Wenn das <u>Aussehen</u> einer Person/Sache beschrieben wird, steht ebenfalls **ser**, es sei denn, dass betont werden soll, dass es sich um einen momentanen Zustand handelt (dann steht **estar**).

Pablo **es** alegre. (<u>Charaktereigenschaft</u>: „ein fröhlicher Junge")

Pablo **está** alegre. (<u>Zustand</u>: Er ist jetzt fröhlich.)

Laura **es** muy guapa. (<u>Aussehen allgemein</u>)

¡Laura, hoy **estás** muy guapa! (<u>Zustand</u>: Sie hat sich heute hübsch gemacht.)

La Calle Mayor **es** muy ruidosa. (<u>Eigenschaft</u>: „eine laute Straße")

Hoy la Calle Mayor **está** muy ruidosa porque hay una fiesta. (<u>Zustand</u>: Sie ist heute laut.)

Viele Adjektive können sowohl mit **ser** als auch mit **estar** verwendet werden. Welches der beiden Verben verwendet wird, hängt davon ab, was ausgedrückt werden soll.

Son <u>chicos</u> contentos y alegres.

Es <u>una profesora</u> simpática.

Es <u>un problema</u> serio.

¡OJO!

Estar steht nie vor einem Nomen.

Juan **es** inteligente pero **está** un poco nervioso porque tiene un examen.

Wenn du zwei Adjektive verwendest, von denen eines mit **ser** und eines mit **estar** steht, brauchst du beide Verben.

APRENDER MEJOR LA GRAMÁTICA

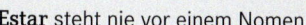

Grammatikregeln und Verbformen lernen (2)

A Lies dir aufmerksam ein Grammatikkapitel durch und überprüfe, ob du alle grammatischen Begriffe kennst, indem du z.B. dafür Beispiele nennst.
Suche aus dem Lektionstext im Buch die neue grammatische Struktur heraus und wiederhole im Kopf die passende Regel.

➡ Probiere diese Lernstrategie für die Verwendung der indirekten Objektpronomen (▶ S. 38, § 2) aus. Suche aus dem Lektionstext des Buchs auf S. 51 alle Sätze mit indirekten Objektpronomen heraus.

B Denke dir Beispielsätze aus, in denen jeweils eine Form des Verbs oder der Wortart vorkommt, die du lernen möchtest. Schreibe die Sätze auf und lasse für die Formen eine Lücke. Nach einer längeren Pause ergänzt du die Formen aus dem Gedächtnis.

➡ Probiere diese Lernstrategie mit **gustar** (▶ S. 38, § 3.1.), **decir** (▶ S. 39, § 4) und **ser/estar** + Adjektiv (▶ S. 40, § 8) aus.

LERNTIPP

Überlege, mit welcher Lernstrategie du besser Verbformen lernen kannst: mit dieser oder mit der Lernstrategie aus Unidad 2 (S. 19)?

EJERCICIOS

ESTAR + GERUNDIO

1 Completa el texto con la forma correcta de *estar* y el gerundio de los verbos en el cuadro. Puedes utilizar algunos verbos más de una vez. | Manche Verben kannst du mehrmals benutzen.

buscar	estudiar	hacer	leer
	salir		
hablar		escribir	jugar

En este momento Sara y Pablo _____ de sus clases. En la plaza del

instituto buscan a Miguel, pero no lo ven. Es que hay mucha gente allí: Por ejemplo ven a Luisa, una chica

de su clase que _____ con un chico rubio. Carlos y Felipe, dos amigos,

_____ al fútbol, como siempre. Vero, una amiga de Carlos,

_____ un mensaje con su móvil y también hay tres chicos que

_____ un libro... ¡así parece!

Por fin llega Miguel con un libro en las manos.

Miguel: Hola chicos, ¿qué _____?

Sara: ¿Nosotros? Te _____, ¿no lo ves?

Pablo: ¿Tú con un libro? ¿Tú _____ un libro?

Miguel: Ja, ja, Pablo... ¡qué gracioso![1] _____ para un examen con María y Luisa.

Pablo: ¿Qué? ¿Vosotros _____?

Miguel: Oye, Pablo... ¡basta ya![2] Esta tarde ya tenemos el examen y por eso estoy muy nervioso.

Sara: Pablo, ¡ya no más tonterías[3]! y... ¡mucha suerte, Miguel!

1 ¡qué gracioso! Wie lustig! – 2 ¡basta ya! Es reicht! – 3 la tontería Dummheit, Blödsinn

2 Escribe las formas del gerundio de los verbos. Después subraya las formas irregulares. | Schreibe das *gerundio* der Verben und unterstreiche die unregelmäßigen Formen.

hablar _____	dormir _____	decir _____
venir _____	comer _____	poner _____
beber _____	cerrar _____	ir _____

3 Contesta las preguntas, utilizando los pronombres de complemento indirecto. | Beantworte die Fragen. Verwende die indirekten Objektpronomen.

Ejemplo: – ¿Te gustan las comedias románticas? (→ sí; mucho)
– Sí, me gustan mucho las comedias románticas.

1. ¿Os interesan los museos? (→ no)

_____

2. ¿Puedes recoger a Ana y a mí de la piscina? (→ sí)

_____

3. ¿Cuándo escribes la carta para tu abuela? (→ mañana)

_____

4. ¿Me vas a llamar esta noche? (→ sí; a las ocho)

_____

5. ¿Puedes mandar las facturas a los clientes, por favor? (→ sí; ahora)

_____

VERBOS DEL TIPO *GUSTAR* Y EL VERBO *PARECER*

4 Completa el diálogo con un pronombre de complemento indirecto y la forma correcta de los verbos *gustar*, *encantar* y *parecer*. | Vervollständige den Dialog mit einem indirekten Objektpronomen und der richtigen Form der Verben *gustar*, *encantar* und *parecer*.

Ana: A mí _____ _____ mucho ir al cine. ¿A vosotros también _____

_____?

Mar: Bueno... más o menos. A nosotros también _____ _____ ir al cine, pero

siempre tenemos problemas con las películas. Es que a mí no _____ _____ las

películas románticas, _____ _____ muy aburridas. Pero a Juan, mi novio,

_____ _____. Por eso siempre quiere ver películas románticas y yo no.

Ana: ¿Y qué películas _____ _____ a ti?

Mar: A mí _____ _____ mucho el cine de acción, _____

_____ más divertido.

Ana: ¿Y a tus hermanos, también _____ _____ las películas de acción? ▶

Mar: A mi hermano Paco sí _____ _____, pero a mi hermana Laura no. Ella es

como Juan y a ella _____ _____ las películas románticas.

LOS DETERMINANTES Y PRONOMBRES DEMOSTRATIVOS

5 a) Completa las preguntas con *este/esta/estos/estas* y con la forma correcta del verbo *ser* como en los ejemplos. | Vervollständige die Fragen mit *este/esta/estos/estas* und der richtigen Form von *ser*.

Ejemplos: ¿Estos son los zapatos de tu abuelo? ¿Esta es la falda de Ana?

1. ¿_____ tus pantalones nuevos?

2. ¿_____ la camiseta de tu primo?

3. ¿_____ el abrigo de tu padre?

4. ¿_____ las zapatillas de tu hermana?

5. ¿_____ el vestido de Lidia?

6. ¿_____ los vaqueros de Felipe?

7. ¿_____ la blusa de Marta?

8. ¿_____ tu chándal?

9. ¿_____ las gorras de tus hermanos?

10. ¿_____ mi ropa?

b) Ahora mira los dibujos y contesta las preguntas de a) en tu cuaderno como en los ejemplos. | Sieh dir die Zeichnungen an und beantworte die Fragen von a). Schreibe die Antworten in dein Heft.

Ejemplos:
¿Estos son los zapatos de tu abuelo? – No, los zapatos de mi abuelo son esos que están allí.
¿Esta es la falda de Ana? – Sí, esta es.

6 Completa el diálogo de Maite y Juan con *cuál* y *qué*.

Maite: ¿_____ color prefieres? ¿El rojo o el verde?

Juan: Yo prefiero el rojo.

Maite: ¿Y _____ blusa te gusta más: la roja o la verde?

Juan: A mí me gusta más la roja.

Maite: Pero... ¿_____ es más bonita?

Juan: La roja... Yo digo que la roja es más bonita.

Maite: ¿Y _____ es más barata?

Juan: La verde es más barata.

Maite: Pero a ti la verde no te gusta.

Juan: ¡Pero y qué más da![1] ¿_____ es tu color favorito, el verde o el rojo?

Maite: ¿_____ color prefiero yo? Hm..., el azul.

Juan: ¡Chica! ...

1 **¡Pero y qué más da!** Na und?

4

EL USO DE *SER* **Y** *ESTAR* **CON ADJETIVOS**

7 Lee las frases y subraya el verbo correcto. | Unterstreiche das richtige Verb.

1. El profesor de inglés **es/está** muy serio.

2. Pablo **es/está** nervioso porque tiene un examen mañana.

3. Luisa y Juan **son/están** contentos con la fiesta.

4. El jersey nuevo de Julia **es/está** amarillo.

5. Oye Carmen, ¡hoy **eres/estás** muy guapa!

6. **Es/Está** un problema serio.

7. El vaso **es/está** vacío.

8. Julio, mi novio, **es/está** muy guapo. Por eso **es/está** mi novio.

9. La hermana de Antonia **es/está** muy inteligente.

10. Claudia tiene problemas en el instituto y por eso **es/está** muy triste.

UNIDAD **5** EN MADRID

1 Der reale Bedingungssatz der Gegenwart | La frase condicional en presente

Si tienes tiempo, podemos ir al cine.

Wenn/Falls du Zeit hast, können wir ins Kino gehen.

Eine reale Bedingung ist eine (aus Sicht des Sprechers) erfüllbare Bedingung.

1. Si te **interesa** el arte, tienes que ir al Prado.
2. Si **tengo** tiempo mañana, voy a ir al Rastro.
3. Si **tienes** tiempo, ¡ven a Madrid!

Im realen Bedingungssatz steht im Nebensatz (**si...**) immer der **Indikativ Präsens**. Im Hauptsatz kann der Indikativ Präsens (1), das Futur (2) oder der Imperativ (3) (▶ S. 67, § 7) stehen.

2 Das direkte Objektpronomen | El pronombre de complemento directo

Laura	**me**	conoce.	Laura kennt **mich**.
Ana	**te**	busca.	Ana sucht **dich**.
¿Y a Juan,	**lo**	ves?	Siehst du **ihn**?
¿Y a Ana,	**la**	ves?	Siehst du **sie**?
Vero	**nos**	busca.	Vero sucht **uns**.
Ana	**os**	busca.	Ana sucht **euch**.
Mira, los cedés, ¿	**los**	compras?	Kaufst du **sie**?
Mira, las gafas, ¿	**las**	compras?	Kaufst du **sie**?

Die direkten Objektpronomen unterscheiden sich nur in der 3. Person Singular und Plural von den indirekten Objektpronomen (▶ S. 38, § 2): **lo** und **los** stehen für maskuline direkte Objekte, **la** und **las** für feminine direkte Objekte.

LERNTIPP

Die Stellung der Pronomen im Satz:
▶ S. 38, § 2.1. und ▶ S. 65, § 2.

Spanisch		Deutsch
Verb + direktes Objekt		**Verb + indirektes Objekt**
escuchar:	**La** escucho.	Ich höre **ihr** zu.
ayudar:	**Lo** ayudo.	Ich helfe **ihm**.
seguir:	**Las** seguimos.	Wir folgen **ihnen**.
obedecer:	**Los** obedecemos.	Wir gehorchen **ihnen**.
Verb + indirektes Objekt		**Verb + direktes Objekt**
pedir:	**Le** pido.	Ich bitte **ihn/sie**.
preguntar:	**Le** pregunto.	Ich frage **ihn/sie**.
interesar:	**Le** interesa.	Es interessiert **ihn/sie**.
costar:	**Le** cuesta mucho trabajo.	Es kostet **ihn/sie** viel Arbeit.

Einige Verben, die im Deutschen mit einem **direkten Objekt** verwendet werden (wen/was? = Akkusativ), werden im Spanischen mit einem **indirekten Objekt** (wem? = Dativ) verwendet oder umgekehrt.

3 Die Ordnungszahlen | Los números ordinales

	♂		♀	
Singular	el primero	1º	la primera	1ª
	el segundo	2º	la segunda	2ª
	el tercero	3º	la tercera	3ª
	el cuarto	4º	la cuarta	4ª
	el quinto	5º	la quinta	5ª
	el sexto	6º	la sexta	6ª
	el séptimo	7º	la séptima	7ª
	el octavo	8º	la octava	8ª
	el noveno	9º	la novena	9ª
	el décimo	10º	la décima	10ª
Plural	los primeros		las primeras	
	...		...	

Wenn eine Ordnungszahl als Ziffer steht, folgt bei der maskulinen Form ein hochgestelltes º, bei der femininen Form ein hochgestelltes ª.

	♂	♀
Singular	el **primer** piso (1er)	la primera calle
	el segundo piso	la segunda calle
	el **tercer** piso (3er)	la tercera calle
Plural	los primeros años	las primeras semanas
	...	...

Wenn Ordnungszahlen vor Nomen stehen, werden sie wie Adjektive an diese angeglichen.

¡OJO!

Vor maskulinen Nomen im Singular werden **primero** und **tercero** zu **primer** und **tercer** verkürzt.

4 Der Komparativ | El comparativo

Tu piso es	**más**	grande	**que**	mi piso.
	menos	ruidoso		
	tan	caro	**como**	

Mit dem Komparativ werden Gegenstände oder Personen verglichen. Bei Ungleichheit verwendet man **más/menos** + Adjektiv + **que**, bei Gleichheit **tan** + Adjektiv + **como**.

Pablo es más **alto** que Juan.
Las casas son más **bonitas** que los pisos.

Das **Adjektiv** wird immer in Numerus und Genus an das Bezugswort angeglichen.

Juan **no es tan alto como** sus hermanos.

Statt **menos** + Adjektiv + **que** verwendet man oft **no** + Verb + **tan** + Adjektiv + **como**.

El F. C. Barcelona es **mejor** que el Real Madrid.
(... besser als ...)
Estas patatas son **peores** que las patatas de ayer.
(... schlechter als ...)

Bueno/-a und **malo/-a** haben unregelmäßige Komparativformen.

¡OJO!

Mejor und **peor** stehen nie mit **más** oder **menos**.

5 Der Superlativ | El superlativo

5.1. Der Superlativ des Adjektivs | El superlativo del adjetivo

Marina es **la** chica **más** alta del curso.
Hoy es **el** día **más** divertido de mi vida.
Estos son **mis** vaqueros **más** bonitos.

Der Superlativ setzt sich aus einem bestimmten Artikel oder Possessivbegleiter (**mi**, **tu**, ...) und dem Komparativ zusammen.

Mis amig<u>as</u> más simpátic<u>as</u> son Juana y Eva.
El domingo es <u>el</u> <u>día</u> más tranquil<u>o</u>.

¡OJO!

Das **Adjektiv** wird – wie beim Komparativ – immer an das <u>Bezugswort</u> angeglichen.

Ana y Laura son mis **mejores** amigas.
... meine besten Freundinnen.
¡El lunes es el **peor** día de la semana!
... der schlechteste/schlimmste Tag ...

Die Superlative von **bueno/-a** und **malo/-a** sind – ebenso wie beim Komparativ – unregelmäßig.

5.2. Der absolute Superlativ | El superlativo absoluto

Estas naranjas son car**ísimas**. (= muy caras)
... sehr/extrem/sündhaft teuer.

Durch den absoluten Superlativ wird die Bedeutung eines Adjektivs verstärkt.

barat<u>o</u>/-a	barat**ísimo**/-a
buen<u>o</u>/-a	buen**ísimo**/-a
car<u>o</u>/-a	car**ísimo**/-a
interesant<u>e</u>	interesant**ísimo**/-a
guap<u>o</u>/-a	guap**ísimo**/-a

Die Endung -**ísimo**/-a wird an den <u>letzten Konsonanten</u> des Adjektivs gehängt und in Numerus und Genus an das Bezugswort angeglichen: -ísim**o**, -ísim**a**, -ísim**os**, -ísim**as**.

difícil	dificil**ísimo**/-a
simpátic**o**/-a	simpatiqu**ísimo**/-a

¡OJO!

Bei manchen Adjektiven ändert sich nicht nur die Betonung, sondern auch die Schreibweise.

6 Der neutrale Artikel lo | El artículo neutro lo

Lo malo del instituto son los exámenes.
Das Schlechte an der Schule sind ...
Lo más interesante de la fiesta es la música.
Das Interessanteste an der Party ist ...
Sólo quiero **lo mejor** para mi familia.
Ich will nur **das Beste** für ...

Der neutrale Artikel **lo** steht entweder vor einem Adjektiv oder einem Superlativ.
Es wird immer die männliche Form des Adjektivs bzw. des Superlativs im Singular verwendet. Das Adjektiv wird also <u>nicht</u> an ein Bezugswort angeglichen.

7 Ortspräpositionen | Preposiciones de lugar

Delante (vor) Detrás (hinter) Enfrente (gegenüber von) Cerca (in der Nähe) Al lado (neben) A la izquierda (links von) A la derecha (rechts von)	de	la casa hay un parque.
Debajo (unter) Encima (über/auf)		la cama hay una falda.

Ana está **en** su habitación. (in)
El vaso está **en** la mesa. (auf)
La cama está **entre** el armario y el escritorio. (zwischen)

¡OJO!

Außer **en** und **entre** enden alle diese Präpositionen mit **... de**. Denke daher an die Kontraktion des Artikels: **de + el = del**.

8 Der Begleiter tanto/-a | El determinante tanto/-a

	♂	♀
Singular	tant**o** trabajo	tant**a** gente
Plural	tant**os** coches	tant**as** tiendas

En esta calle no hay **tantos** coches.
¡Hay **tanta** gente en la fiesta!

Tanto/-a wird wie ein Adjektiv immer in Numerus und Genus an das Bezugswort angeglichen.

Tanto/-a bedeutet übersetzt „so viel/e".

APRENDER MEJOR LA GRAMÁTICA

Grammatik üben

A Mache Übungen aus dem Unterricht zu Hause noch einmal.

➡ Mache eine Übung der Rubrik **Practicar** aus dem Schülerbuch, die dir schwer gefallen ist. Schlage in dem jeweiligen Grammatikkapitel nach, wenn du dir unsicher bist.

B Denke dir selbst kleine Übungen aus: Schreibe die Übung auf eine große Karteikarte und ergänze die Lösungen auf der Rückseite. Bearbeite die Übung nach einer Pause und überprüfe dich mithilfe der Lösungen.

➡ Probiere diese Lernstrategie für die Uhrzeiten (▶ S. 25, § 1) aus.

C Schreibe einen Text, in dem möglichst viele unterschiedliche Beispiele für ein Grammatikkapitel vorkommen.

➡ Schreibe eine Geschichte mit möglichst vielen **gerundio**-Formen. Überprüfe mithilfe deiner Grammatik (▶ S. 37, § 1), ob alle Formen korrekt sind.

5 EJERCICIOS

LA FRASE CONDICIONAL EN PRESENTE

1 Traduce las siguientes frases al español. | Übersetze die folgenden Sätze ins Spanische.

1. Wenn du Zeit hast, können wir heute Abend ins Kino gehen.

_____

2. Ich kann nur ins Kino gehen, wenn ich nicht meinen Bruder abholen muss.

_____

3. Wenn du mir dieses Buch kaufst, werde ich es lesen.

_____

4. Falls dich Kunst interessiert, können wir ins Museum gehen.

_____

5. Falls ich im Sommer nach Spanien fahre, werde ich nur Spanisch sprechen!

_____

EL PRONOMBRE DE COMPLEMENTO DIRECTO

2 Lee las siguientes respuestas y formula una pregunta para cada una. | Lies die folgenden Antworten und formuliere passende Fragen.

1. ¿_____?

Los puedes comprar en el mercado. Allí no son muy caros.

2. ¿_____?

No, no te comprendo. ¡Ese es el problema!

3. ¿_____?

¡Vale! ¿La quieres con queso o sin queso?

4. ¿_____?

No, no nos conoces todavía. Yo me llamo Luisa y ella se llama Marta.

5. ¿_____?

Sí, las estoy buscando. ¿Sabes dónde están? ▶

6. ¿_____?

Sí, lo tengo aquí. Lo necesito para la clase de inglés de mañana.

7. ¿_____?

Sí, me va a llamar esta noche.

LOS NÚMEROS ORDINALES

3 **Completa los diálogos con los números ordinales.**

1. **Sandra:** Oye Pepe, ¿conoces a esa chica?

   Pepe: ¿Cuál? ¿A la _____, la pelirroja que ya está en la puerta?

   Sandra: No, a la _____, la que está después del chico.

   Pepe: No, no la conozco, pero conozco a la _____ chica, la que está detrás de ella, se llama Julia.

2. **Comisario:** Sargento[1], ¿los sospechosos[2] están en el _____ piso?

   Sargento: Negativo, comisario. Allí sólo hay unos chicos, parece una fiesta.

   Comisario: ¿Una fiesta? Esta es una situación peligrosa[3], no es momento para una fiesta. ¿Qué pasa[4] en el _____ piso?

   Sargento: Allí hay unas personas en una reunión de trabajo.

   Comisario: ¿Son los sospechosos?

   Sargento: Negativo, comisario. Y tampoco están en el _____ piso. Allí sólo hay un chico y una chica...

   Comisario: ¿Pero qué lugar es este? ¿Qué pasa en el _____?

   Sargento: Allí están ya nuestros compañeros. Atención comisario, los sospechosos están en el _____ piso.

   Comisario: Entonces... luz verde[5] para los compañeros del _____ piso.

1 **el sargento** Polizeiwachtmeister – 2 **el/la sospechoso/-a** Verdächtige – 3 **peligroso/-a** gefährlich – 4 **pasar** *hier:* passieren, geschehen – 5 **luz verde** grünes Licht

4 Completa el texto con las formas del comparativo. | Vervollständige den Text mit dem Komparativ. Achtung, nicht in allen Lücken brauchst du *que* oder *como*!

Ahora Enrique vive en un piso compartido con dos chicos: Paula y Alberto. La habitación de Enrique es

_____ (+ pequeño) las otras habitaciones. La de Paula es

_____ (= grande) la de Alberto. El piso está en una calle muy

grande, pero para los chicos esto no es problema. Las calles grandes son _____

_____ (+ ruidoso) las calles pequeñas, pero a los chicos les encanta vivir aquí porque el

ambiente es _____ (+ alternativo) y _____

_____ (+ divertido). Además los pisos allí son _____

_____ (– caro) y están _____ (– lejos) del centro. Enrique trabaja

en una oficina en el centro y para él vivir cerca del trabajo es _____ (+ bueno) porque así

puede levantarse _____ (+ tarde). El único problema es que la jefa nueva

de Enrique vive al lado de su piso. Ella no es _____ (= simpático)

su otra jefa. Así que Enrique no sabe qué es _____ (+ malo): trabajar con ella o

vivir a su lado.

5 Lo más... de Madrid. Completa las frases con el superlativo de los adjetivos como en el ejemplo.

Ejemplo: Las entradas al Estadio Santiago Bernabéu **son las más caras** de Madrid.

grande	caro	moderno	tranquilo	alternativo	bonito	famoso	bueno

1. El mercado El Rastro _____

2. El parque del Buen Retiro _____

3. Los pintores del Museo del Prado _____

4. El ambiente en la Plaza Mayor _____

5. La ropa en la Calle del Arenal _____

6. Las discotecas de Malasaña _____

7. La Estación de Atocha _____

6 Completa con el superlativo absoluto (*-ísimo/-a*).

1. Madrid es una ciudad _____ (grande).

2. Pablo es _____ (guapo/-a).

3. La entrevista de Ana es _____ (fácil).

4. El desayuno español es _____ (rico/-a).

5. Maribel y Rubén son _____ (simpático/-a).

6. Las manzanas en el mercado son _____ (barato/-a).

7. Pero los plátanos son _____ (caro/-a).

PREPOSICIONES DE LUGAR

7 Mira la foto y completa el texto con las preposiciones de lugar.

La naranja está _____ vaso de zumo
de naranja. _____ vaso hay una
manzana.

_____ las frutas hay un plato.

_____ el plato hay un cuchillo, un
cruasán y mermelada. _____ todo hay
una servilleta. La mermelada está _____ el cuchillo y el cruasán.

_____ plato hay un periódico y _____ périodico hay una
taza de café.

el cuchillo   la mermelada   la servilleta

EL DETERMINANTE *TANTO/-A*

8 Ordena las palabras en el cuadro. ¿Qué va con qué? | Ordne die Nomen den Begleitern zu.

gente	ruido	trabajo	problemas
barrios	turistas	música	tiendas	fotos

tanto _____

tanta _____

tantos _____

tantas _____

1 Die Präpositionen hace, desde und desde hace | Las preposiciones hace, desde y desde hace

Hace casi 200 años México se independizó de España.

Die Präposition **hace** bedeutet im Deutschen „vor" (vgl. engl. **ago**). **Hace** wird immer mit einer Vergangenheitszeit verwendet.

Desde 1962 mi familia vive en Madrid.

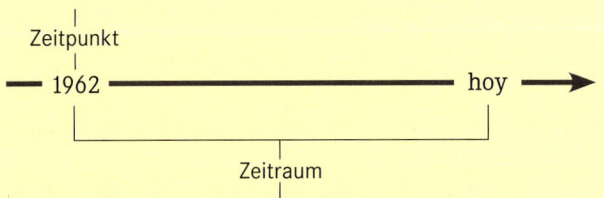

Zeitpunkt

— 1962 ——————————— hoy ⟶

Zeitraum

Desde hace 50 años mi familia vive en Madrid.

Für die deutsche Präposition „seit" gibt es im Spanischen zwei verschiedene Präpositionen: **Desde** wird verwendet, wenn man von einem Zeitpunkt in der Vergangenheit spricht. **Desde hace** verwendet man, wenn es sich um einen Zeitraum handelt.

LERNTIPP

Du kennst dieses Phänomen schon aus dem Englischen:
desde = since (Zeitpunkt)
desde hace = for (Zeitraum)

2 Das *pretérito indefinido* | El pretérito indefinido

2.1. Regelmäßige Verben | Verbos regulares

Infinitiv		pasar	perder	salir
Singular	1.	pasé	perdí	salí
	2.	pasaste	perdiste	saliste
	3.	pasó	perdió	salió
Plural	1.	pasamos	perdimos	salimos
	2.	pasasteis	perdisteis	salisteis
	3.	pasaron	perdieron	salieron

Das **pretérito indefinido** ist die am häufigsten verwendete Vergangenheitszeit im Spanischen. Die Endungen der Verben auf **-ar** sind -é/-aste/-ó/-amos/-asteis/-aron. Die Endungen der Verben auf **-er** und **-ir** sind -í/-iste/-ió/-imos/-isteis/-ieron.

LERNTIPP

Sprich die Formen beim Lernen laut aus und achte auf die Betonung. Die Vokale der betonten Silbe sind in der Tabelle unterstrichen.

Hoy **estudiamos** mucho. Ayer **estudiamos** mucho también.
Hoy **salimos** juntos. Ayer **salimos** juntos también.

Bei den Verben auf **-ar** und **-ir** ist die 1. Person Plural des **pretérito indefinido** identisch mit der 1. Person Plural Präsens.

2.2. Verben mit orthografischen Besonderheiten | Particularidades ortográficas

Infinitiv		llegar (+ u)	tocar (c → qu)	cruzar (z→c)
Singular	1.	llegué	toqué	crucé
	2.	llegaste	tocaste	cruzaste
ebenso:		encargarse, jugar, navegar, pagar	buscar, explicar, marcar, planificar, practicar, sacar, significar	empezar, independizarse, organizar, rechazar, utilizar

Verben, die im Infinitiv auf -**gar** und -**car** enden, müssen in der 1. Person Singular des **pretérito indefinido** in ihrer Schreibweise angepasst werden, weil sich sonst die Aussprache ändern würde.
Bei Verben auf -**zar** wird in der 1. Person Singular das z in ein **c** verwandelt, weil im Spanischen der Buchstabe z nur vor den Vokalen **a**, **o** und **u** steht.

Infinitiv		leer (i → y)		ver
Singular	1.	leí		vi
	2.	leíste		viste
	3.	leyó		vio
Plural	1.	leímos		vimos
	2.	leísteis		visteis
	3.	leyeron		vieron
ebenso:		creer		

Bei Verben, die auf -**eer** enden, wird das Endungs-i in der 3. Person Singular und Plural zu y.
Bei allen anderen Personen bekommt das Endungs-i einen Akzent.

¡OJO!

Das Verb **ver** trägt keine Akzente.

2.3. Unregelmäßige Verben | Verbos irregulares

LERNTIPP

Die betonten Vokale sind unterstrichen.

¡OJO!

Diese unregelmäßigen Verben tragen keine Akzente.

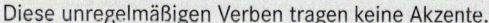

Infinitiv		ir/ser	estar	tener	poder	(ex)poner	saber
Singular	1.	fui	estuve	tuve	pude	(ex)puse	supe
	2.	fuiste	estuviste	tuviste	pudiste	(ex)pusiste	supiste
	3.	fue	estuvo	tuvo	pudo	(ex)puso	supo
Plural	1.	fuimos	estuvimos	tuvimos	pudimos	(ex)pusimos	supimos
	2.	fuisteis	estuvisteis	tuvisteis	pudisteis	(ex)pusisteis	supisteis
	3.	fueron	estuvieron	tuvieron	pudieron	(ex)pusieron	supieron

Infinitiv		hacer	querer	venir	dar	decir	traer
Singular	1.	hice	quise	vine	di	dije	traje
	2.	hiciste	quisiste	viniste	diste	dijiste	trajiste
	3.	hizo	quiso	vino	dio	dijo	trajo
Plural	1.	hicimos	quisimos	vinimos	dimos	dijimos	trajimos
	2.	hicisteis	quisisteis	vinisteis	disteis	dijisteis	trajisteis
	3.	hicieron	quisieron	vinieron	dieron	dijeron	trajeron

Infinitiv		dormir (o → u)	pedir (e → i)
Singular	1.	dormí	pedí
	2.	dormiste	pediste
	3.	durmió	pidió
Plural	1.	dormimos	pedimos
	2.	dormisteis	pedisteis
	3.	durmieron	pidieron
ebenso:		morir	seguir, sentir

Einige Gruppenverben sind nur in der 3. Person Singular und Plural unregelmäßig.

2.4. Gebrauch | Uso

¿Fuiste al cine ayer?
Hace tres años hicimos rafting en México.
La semana pasada tuve un examen.
Mis padres se casaron en 1988.

Das **pretérito indefinido** steht oft mit konkreten Zeitangaben der Vergangenheit, z. B. **ayer**, **hace** (**dos días/semanas/meses/años**), **el lunes pasa-do, en 2005**.

3 Konjunktionen | Conjunciones

3.1. Die Konjunktionen *sin embargo*, *aunque*, *cuando* und *donde*

Cancún es bastante turístico, **sin embargo** vale la pena ir. (... trotzdem ...)
Aunque fue un día bastante agotador, lo pasamos muy bien. (Obwohl ...)
Ayer fuimos a un restaurante **donde** comimos pollo con mole. (... wo ...)

Cuando llegué a casa me dormí en seguida. (Als ...)
Cuando salgo de clase charlo un rato con mis amigos. (Immer wenn ...)

Die Konjunktionen **sin embargo**, **aunque**, **cuando** und **donde** leiten alle einen Nebensatz ein. Sie können am Satzanfang und in der Satz-mitte stehen.

¡OJO!

Die Konjunktionen **cuando** und **donde** schreibt man ohne Akzent, die Fragepronomen **¿cuándo?** und **¿dónde?** aber mit Akzent.

Cuando hat im Deutschen zwei Bedeutungen: „als" und „(immer) wenn".

3.2. Die Konjunktionen *ya que* und *como*

Ya que Como	hace buen tiempo, hoy hacemos rafting.
Hoy hacemos rafting	ya que / porque — hace buen tiempo.

Die Konjunktionen **ya que** und **como** leiten beide einen kausalen Nebensatz ein und werden im Deutschen mit „da" oder „weil" übersetzt.
Die Konjunktion **como** kann nur am Satzanfang stehen und ergänzt dadurch die Konjunktion **porque**, die nur im Satz stehen kann.
Die Konjunktion **ya que** kann sowohl am Satzan-fang als auch in der Satzmitte stehen.

EJERCICIOS

LAS PREPOSICIONES *HACE, DESDE* Y *DESDE HACE*

1 Completa el texto con *hace*, *desde* y *desde hace*.

«Maná» es un grupo mexicano de rock en español. Nació en 1985 y _____ unos años

es uno de los grupos más famosos de México.

Los primeros miembros del grupo fueron el cantante Fernando Olvera y los hermanos Ulises, Abraham y

Juán Diego Calleros. Pero _____ 1987, Alex González, un músico de origen cubano-

colombiano, es también parte del[1] grupo. _____ entonces Maná graba discos[2] y da

conciertos en todo el mundo.

_____ dos años dieron uno de los conciertos más grandes de toda su historia en la

Ciudad de México. _____ pocos meses grabaron su último disco: «Drama y Luz».

_____ más de 25 años Maná es uno de los mejores ejemplos del rock en español.

1 **ser parte de** ein Teil von etwas sein – 2 **grabar un disco** ein Album aufnehmen

EL PRETÉRITO INDEFINIDO

2 Elige la forma correcta del pretérito indefinido. | Wähle die richtige Form.

Para: Lorena94@terra.es
Asunto: Saludos de México

Hola Lorena:

Estoy en México y es ¡una pasada!

Hace tres días, **visitaste/visité/visito** a mis ex compañeros de curso. Ellos me **pregunté/preguntasteis/preguntaron** sobre mi vida en España. Por la tarde mis amigos Esteban y Alberto me **visité/visitó/visitaron** a mí. Nosotros tres **comiste/co-memos/comimos** tacos y **bebemos/bebimos/bebisteis** un agua fresca de limón. Por la noche mi abuela me **conté/contó/cuenta** muchas cosas de la familia.

Hace dos días, el viernes, mis primos y yo **salimos/salisteis/salieron** con unos amigos. En una discoteca **bailaste/bailamos/bailó** toda la noche.

Ayer me **levanto/levantó/levanté** tarde y **paso/pasé/pasó** todo el día en el sofá, frente a la tele.

Y tú, ¿qué onda? (Así dicen aquí en México para preguntar «¿Cómo estás?») :-)

Saludos

Enrique

3 a) Completa el crucigrama con una forma de los verbos *llegar*, *empezar*, *buscar* y *leer* en el pretérito indefinido.

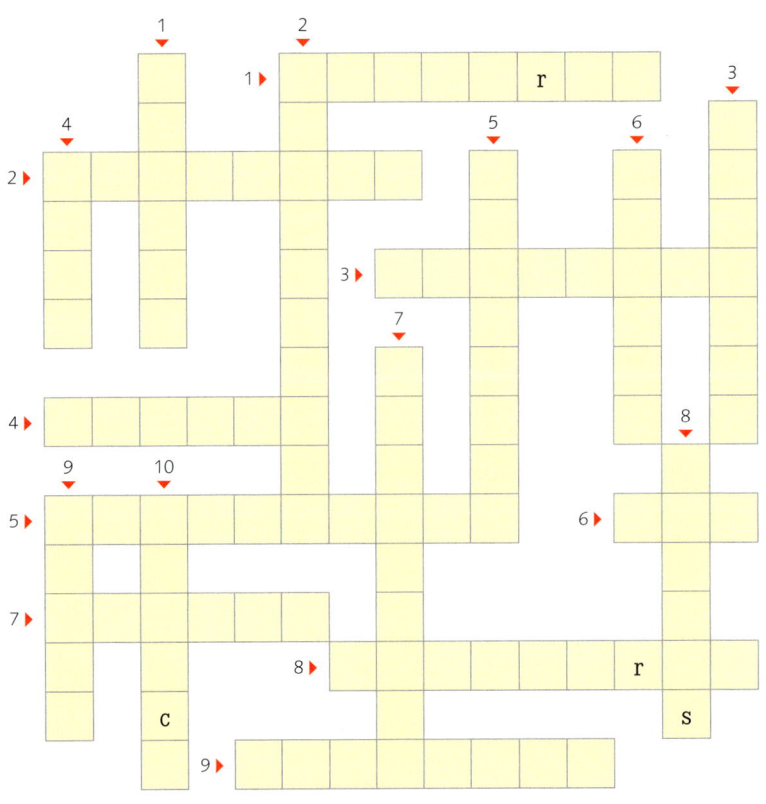

horizontal

1▶ buscar   4▶ leer   7▶ empezar
2▶ llegar   5▶ llegar   8▶ empezar
3▶ buscar   6▶ leer   9▶ leer

vertical

1▼ llegar   4▼ leer   7▼ empezar   10▼ empezar
2▼ buscar   5▼ buscar   8▼ leer
3▼ leer   6▼ buscar   9▼ llegar

b) ¿Qué formas del pretérito indefinido de los verbos faltan? | Welche Formen fehlen?

llegar: _____

empezar: _____

buscar: _____

leer: _____

4 Escribe la pregunta correcta. | Schreibe die passende Frage.

1. ¿_____?
   ¿Ayer? No hicimos mucho. Estuvimos todo el día en casa.

2. ¿_____?
   Sí, pude ir al cine el sábado y la película me gustó mucho.

▶

3. ¿_____?

Sara le dijo a Juan: «¡Te quiero mucho!»

4. ¿_____?

No, no la invitaron[1] a la fiesta y por eso ahora Julia no habla con ellos.

5. ¿_____?

¿Anoche[2]? No, dormí fatal.

1 **invitar** einladen – 2 **anoche** letzte Nacht

5 Lee el texto sobre Frida Kahlo, completa el crucigrama con las formas del pretérito indefinido y encuentra la palabra clave. | **Fülle das Kreuzworträtsel aus und finde das Lösungswort!**

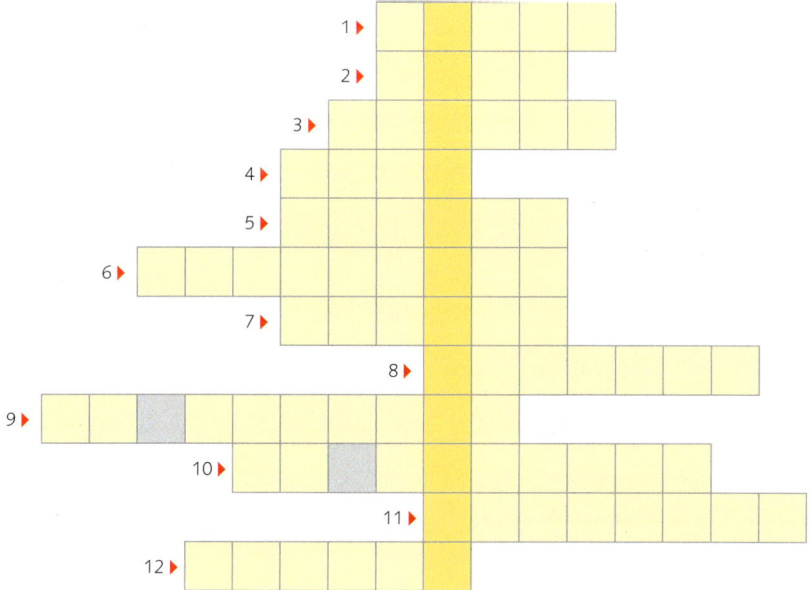

Frida Kahlo (1 ▶ nacer) en 1907. A los siete años
(2 ▶ tener) una enfermedad muy grave y por eso, ya
desde entonces, (3 ▶ estar) mucho tiempo en cama
y no (4 ▶ poder) vivir la vida como las otras niñas.
A los 18 años (5 ▶ sufrir) un accidente de autobús.
Poco después (6 ▶ descubrir) su talento[1] y así
(7 ▶ empezar) su vida como pintora. Desde entonces
Frida (8 ▶ trabajar) mucho en sus cuadros.
A los 20 años (9 ▶ enamorarse) del pintor Diego
Rivera y dos años después los dos (10 ▶ casarse),
pero nunca (11 ▶ tener) hijos.

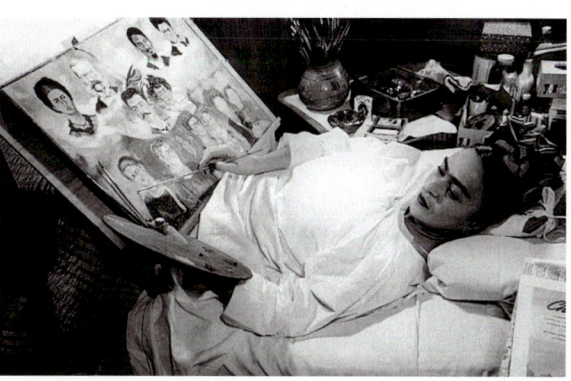

Frida (12 ▶ exponer) sus cuadros por primera vez en México en el año 1953. Murió un año más tarde, en
1954. Hoy en día es una de las pintoras más famosas de México y de Latinoamérica.

1 **el talento** Talent

6 Completa las frases con una forma de *ser* o de *ir* en el pretérito indefinido y marca qué verbo es. | Vervollständige die Sätze mit einer Form von *ser* oder *ir* und kreuze an, um welches Verb es sich handelt.

	ser	ir

1. Las chicas _____ muy buenas amigas en el colegio, pero ahora ya no. ☐ ☐

2. La fiesta de mi primo Juan _____ la semana pasada. ☐ ☐

3. No pude visitar la última exposición de Frida Kahlo. ¿Vosotras _____? ☐ ☐

4. Ayer yo _____ el primero que terminó el examen. ☐ ☐

5. Tú _____ al cine hace dos días, ¿no? ☐ ☐

6. Hace un año vosotros _____ compañeros de clase, ¿verdad? ☐ ☐

7. El verano pasado mi hermano y yo _____ a casa de mis abuelos. ☐ ☐

7 Mira las escenas y cuenta la historia de Lucía y Lorenzo. ¿Qué pasó? | Erzähle die Geschichte von Lucía und Lorenzo.

1. llegar   2. abrir – entrar   3. ver   4. dar un beso

5. ponerse nervioso   6. enfadarse   7. ir – gritar[1]   8. salir

1 **gritar a alguien** jemanden anschreien

1. _____

2. _____

3. _____ ▶

4. _____

5. _____

6. _____

7. _____

8. _____

8 Completa el texto con las conjunciones *sin embargo*, *donde*, *aunque*, *cuando* y *ya que*.

_____ hasta el año 600 los mayas dominaron la Península de Yucatán y sus alrededores, fueron los aztecas los que, en el año 1325, fundaron Tenochtitlan, una ciudad muy grande en el lugar _____ hoy está Ciudad de México.

Cerca de Ciudad de México está Teotihua-can, otro lugar muy interesante. Allí está la

LA PIRÁMIDE DEL SOL

Pirámide del Sol que tiene una altura[1] de 64 metros. Para construirla[2] trabajaron allí aproximadamente 2000 personas sin pausa[3], _____ necesitaron unos 20 años para terminar la pirámide.

_____ llegaron los españoles, encontraron una cultura muy fuerte[4] y con muchos conocimientos[5], _____ los españoles lucharon contra ellos y los conquistaron.

_____ desde entonces el español es la lengua[6] más fuerte de la región, todavía hoy hay muchas personas que hablan otras lenguas de origen[7] maya o azteca. También en español hay muchas palabras de origen Náhuatl (la lengua azteca) _____ los españoles las integraron[8] a su lengua.

1 **la altura** Höhe – 2 **construir** (er-)bauen – 3 **sin pausa** ohne Unterbrechung – 4 **fuerte** stark – 5 **el conocimiento** Wissen – 6 **la lengua** Sprache – 7 **el origen** Ursprung, Herkunft – 8 **integrar** integrieren

EVALUACIÓN

Gesamtpunktzahl _____ von 60 Punkten

_____ / 16 Punkten (2 je Frage)

1. Schreibe das *gerundio* der Verben. Markiere dann alle Verben, die ihre Schreibweise im *gerundio* verändern oder eine unregelmäßige Form haben.

hablar _____   poder _____   comer _____

decir _____   dormir _____   ir _____

venir _____   dar _____   escribir _____

leer _____   creer _____   repetir _____

contar _____   pensar _____   beber _____

2. Nenne alle möglichen deutschen Übersetzungen von:

a) Le escriben una carta.

_____

b) Les cuentan muchas cosas.

_____

3. Welches der folgenden Verben wird nie in Fragen verwendet oder verneint?

☐ gustar   ☐ molestar   ☐ encantar   ☐ importar   ☐ parecer

4. Welche der folgenden Gegenstände befinden sich in der Nähe des Sprechers (S), welche in der Nähe des Zuhörers (Z)?

☐ esas blusas   ☐ ese abrigo   ☐ esta camiseta
☐ este vestido   ☐ esos pantalones   ☐ estas faldas

5. Um welche Art von Objektpronomen handelt es sich? Ordne sie in die Tabelle ein.

			me	os	lo	les	nos	las	te	le	la	los		

nur direktes Objektpronomen	nur indirektes Objektpronomen	beides

6. Ordne die Verben in drei Gruppen: *e → i, o → ue, c → zc*.

	e → i	o → ue	c → zc
repetir parecer			
probarse reírse			
conocer seguir			
costar reconocer			
contar dormir			

7. Markiere die Adjektive mit unregelmäßigen Komparativ- und Superlativformen.

☐ grande ☐ bonito/ a ☐ bueno/-a ☐ triste

☐ malo/-a ☐ interesante ☐ guapo/-a ☐ ruidoso/-a

8. Übersetze die beiden Ausdrücke.

1. Lo bueno del deporte es... _____

2. Lo más interesante de este libro es... _____

E2

II. *SER* Y *ESTAR*

_____ / 6 Punkten (1 je Satz)

Vervollständige die Sätze mit *ser* oder *estar*.

1. Juan _____ nervioso porque tiene una reunión con su jefe.

2. El centro de Madrid _____ muy moderno.

3. El coche _____ bonito, pero muy caro.

4. Julia _____ muy simpática.

5. La botella _____ vacía.

6. Hoy Carmen _____ triste.

III. CONJUNCIONES

_____ / 10 Punkten (1 je Satz)

Unterstreiche die passende Konjunktion.

1. Juan no me habló **ya que / cuando / donde** nos vimos en la cafetería.
2. Tengo que estudiar **cuando / porque / aunque** tengo un examen mañana.
3. Mallorca es bastante turística, **aunque / sin embargo / como** vale la pena ir.
4. **Cuando / Sin embargo / Donde** volvimos a casa, vimos una película en la tele.
5. Me encanta esquiar, **ya que / como / aunque** a veces tengo miedo.

▶

6. **Como / Aunque / Donde** no le gusta nadar, no va mucho a la playa.
7. Ayer me acosté temprano, **ya que / como / sin embargo** no pude dormir bien.
8. No habla inglés **y / pero / aunque** aprende alemán.
9. Me encantan las películas, **como / pero / por eso** voy mucho al cine.
10. Siempre viajo a América Latina **aunque / ya que / pero** me encanta hablar español.

IV. EL PRETÉRITO INDEFINIDO

_____ / 15 Punkten (0,5 je Form)

Vervollständige die Tabelle mit den Formen des _pretérito indefinido_ der Verben. Du hast nur vier Minuten Zeit!

	ser	poder	decir	llegar	dormir
[yo]					
[tú]					
[él/ella/usted]					
[nosotros/-as]					
[vosotros/-as]					
[ellos/ellas/ustedes]					

V. CONOCIMIENTO GLOBAL

_____ / 13 Punkten (0,5 je Wort)

Im Text stehen einige Wörter nur zur Hälfte. Hat das Wort eine ungerade Buchstabenzahl, fehlt ein Buchstabe mehr als die Hälfte. Das heißt, wenn z. B. drei Buchstaben vor einer Lücke stehen, musst du noch drei Buchstaben ergänzen oder maximal vier. Aber niemals weniger oder mehr als das!

La historia del inca Atahualpa

Esta e_____ la historia d_____ Atahualpa, el **últ**_____ jefe del imperio inca. Atahualpa

na_____ en el año 1500 y **f**_____ hijo de Huayna Capac. **Tu**_____ un hermano: Huáscar. En

1527 **mu**_____ el padre de Atahualpa y Huáscar. Después l_____ dos hermanos **tuvi**_____

muchos **prob**_____. Atahualpa luchó contra Huáscar y **des**_____ fue el **je**_____ de todo

e_____ imperio.

Ento_____, en 1532, **lleg**_____ los **espa**_____: Francisco Pizarro y sus **tro**_____. Ellos

luch_____ contra Atahualpa y s_____ hombres. Atahualpa **vis**_____ a los **espa**_____

para hablar c_____ ellos. Sin **emb**_____, Francisco Pizarro **conq**_____ a Atahualpa y así

empezó el final d_____ imperio **in**_____.

7 ¿A QUÉ TE QUIERES DEDICAR?

1 Das Relativpronomen lo que | El pronombre relativo lo que

Lo que quiero es trabajar con gente.
Was ich möchte, ist mit Leuten arbeiten.
A mis padres no les gusta **lo que** quiero estudiar.
Meinen Eltern gefällt nicht, **was** ich studieren möchte.

Das Relativpronomen **lo que** ist unveränderlich und bezieht sich auf ganze Satzinhalte oder Aussagen, nie auf Gegenstände oder Personen. Dann steht das Relativpronomen **que**. Das Relativpronomen **lo que** wird im Deutschen mit „das, was" bzw. „was" übersetzt.

2 Die Stellung der Pronomen im Satz | La posición de los pronombres en la frase

¿**Me** ayudas con los deberes?	Direktes Objektpronomen
Te voy a mandar un e-mail.	Indirektes Objektpronomen
Me estoy duchando.	Reflexivpronomen

Objektpronomen und **Reflexivpronomen** können immer vor dem konjugierten Verb stehen.

¿**Me** puedes ayudar? = ¿Puedes ayudar**me**?
¿**Te** vas a acostar ya? = ¿Vas a acostar**te** ya?
Os voy a visitar. = Voy a visitar**os**.
Se está duchando. = Está duchándo**se**.
Le estoy escribiendo. = Estoy escribiéndo**le**.

In einem Satz mit **gerundio** oder einem Infinitiv können die Pronomen auch an das Hauptverb angehängt werden.

¡OJO!

Wird das Pronomen an ein **gerundio** angehängt, bekommt die drittletzte Silbe einen Akzent (▶ Betonungsregeln, S. 141).

3 Indefinite Pronomen und Begleiter | Los pronombres y determinantes indefinidos

3.1. Indefinite Pronomen | Pronombres indefinidos

	♂	♀
Singular	alguno ninguno	alguna ninguna
Plural	algunos	algunas

Alguno/-a entspricht im Singular dem deutschen „irgendein/e".
Die Pluralform **algunos/-as** ist bedeutungsgleich mit **unos/unas** und entspricht dem deutschen „ein paar" oder „einige".

– ¿No ves a **los chicos** allí?
– ¿Dónde? No veo a **ninguno**.

Ninguno/-a entspricht dem deutschen „kein/e". Es wird nur die Singularform verwendet.

– ¿Te gustan **las películas españolas**?
– Sí, me gustan **algunas**. / No me gusta **ninguna**.

Wenn **alguno/-a** oder **ninguno/-a** als Pronomen verwendet wird, ersetzt es ein Nomen.

3.2. Indefinite Begleiter | Determinantes indefinidos

	♂	♀
Singular	**algún** chico **ningún** chico	**alguna** chica **ninguna** chica
Plural	**algunos** chicos	**algunas** chicas

Wenn **alguno/-a** ein Nomen begleitet, entspricht es dem deutschen „irgendein/e + **Nomen**". Die männliche Form wird im Singular zu **algún** verkürzt.

Wenn **ninguno/-a** ein Nomen begleitet, entspricht es dem deutschen „(gar) kein/e + **Nomen**". Die männliche Form wird im Singular zu **ningún** verkürzt.

Siempre hay **algún** problema en el instituto.
Me gustaría trabajar en **alguna** empresa internacional.
En **algunos** años voy a ser el jefe de esta empresa.
Este año tengo **algunas** asignaturas pendientes.

No tiene **ningún** problema en matemáticas.
No tengo **ninguna** asignatura pendiente.

Wenn **ninguno/-a** als Begleiter verwendet wird, steht zusätzlich **no** vor dem Verb.

4 Die doppelte Verneinung | La negación doble

Nada es tan importante como ser feliz.
Nadie quiere escribir el examen.
Nunca estudio los fines de semana.

Nada, **nadie** und **nunca** können entweder vor dem konjugierten Verb oder nach dem Hauptverb stehen.

Hoy **no** quiero hacer **nada**.
Hoy **no** falta **nadie** en clase.
Carmen **no** me quiere ayudar **nunca**.

Wenn **nada**, **nadie** oder **nunca** nach dem Hauptverb stehen, dann muss **no** vor dem konjugierten Verb stehen.

No conozco **a nadie** aquí.
Ich kenne hier **niemanden**.

¡OJO!

Wenn **nadie** direktes Objekt ist, muss davor immer die Präposition **a** stehen.

No me **gusta nada** el hip hop.
Mir **gefällt** Hip-Hop **überhaupt nicht**.

Wenn **nada** hinter **gustar** steht, heißt es „überhaupt nicht".

5 Der Gebrauch von saber und poder | El uso de los verbos saber y poder

Ana **sabe** bailar muy bien. Esta noche no **puede** bailar porque tiene que estudiar.
Fernando, tú **sabes** cocinar muy bien. ¿**Puedes** cocinar algo para nosotros esta noche?

¿**Sabes** hablar inglés?
¿**Puedes** ayudarme en la cocina?

Saber drückt aus, dass jemand eine erlernte Fähigkeit (nicht) besitzt.
Poder drückt hingegen aus, dass man etwas aus bestimmten Gründen gerade (nicht) tun kann.
Im Deutschen werden beide Verben mit „können" wiedergegeben.

6 Personalpronomen mit Präposition | Pronombres personales con preposición

a de en para por sin sobre	mí ti él/ella/usted nosotros/-as vosotros/-as ellos/ellas/ustedes

Wenn ein Personalpronomen auf eine Präposition folgt, werden außer in der 1. und 2. Person Singular die **Subjektpronomen** verwendet.

¡OJO!

Beachte, dass **mí** einen Akzent trägt, um es vom Possessivbegleiter **mi** zu unterscheiden.

Esta idea queda **entre tú** y **yo**.
... zwischen **dir** und **mir**.

Nach der Präposition **entre** werden auch in der 1. und 2. Person Singular die Subjektpronomen (**yo** und **tú**) verwendet.

conmigo **contigo**	
con	él/ella/usted nosotros/-as vosotros/-as ellos/ellas/ustedes

Wenn ein Personalpronomen auf die Präposition **con** folgt, verschmilzt es in der 1. und 2. Person Singular zu **conmigo** und **contigo**.

7 Der bejahte Imperativ | El imperativo afirmativo

Infinitiv	tomar	comer	escribir
Singular (**tú**)	toma	come	escribe
Plural (**vosotros**)	tom**ad**	com**ed**	escrib**id**

Im Singular entspricht der Imperativ der 3. Person Singular des Verbs (z. B. **contar** → **cuenta** → **¡cuenta!**).
Im Plural wird das Endungs-**r** des Infinitivs durch ein -**d** ersetzt (z. B. **contar** → **contad**).

¡OJO!

Einige Formen sind im **Singular** unregelmäßig. Aber alle Pluralformen sind regelmäßig.

decir → **di** hacer → **haz** ir(se) → **ve(te)** poner → **pon**	salir → **sal** ser → **sé** tener → **ten** venir → **ven**

¡Levántate! Ya es tarde.
Busca el libro. → Búscalo.
¡Da el cedé a tu hermano! → ¡Dale el cedé!

Reflexive Pronomen und **Objektpronomen**, die sich auf ein Verb im bejahten Imperativ beziehen, werden immer an dieses angehängt. Die betonte Silbe bleibt dieselbe, daher trägt die drittletzte Silbe einen Akzent (▶ Betonungsregeln, S. 141).

Imperativ Singular	Imperativ Plural
¡Cómprame el cedé!	¡Compradme el cedé!
Quedan galletas. ¡Tómalas!	¡Tomadlas!

Achte auf die unterschiedliche Betonung im Singular und im Plural.

Ya es tarde. Levantaos.
levantad + os → levantaos

Wird an den bejahten Imperativ der **vosotros**-Form das Pronomen **os** angehängt, so entfällt das -**d** des Imperativs.

8 Unpersönliche Konstruktionen mit se und uno | Las estructuras impersonales con se y uno

En el hotel **se habla** inglés.

Im Hotel **spricht man** Englisch. / ... **wird** Englisch **gesprochen**.

Se venden pisos en el centro.

Man verkauft Wohnungen ... / Es **werden** Wohnungen ... **verkauft**.

No **se pagan** las prácticas.

Man bekommt das Praktikum nicht **bezahlt**. /
Das Praktikum **wird** nicht **bezahlt**.

Die unpersönliche Konstruktion **se** wird mit **man** oder mit dem **Passiv** übersetzt.

Ob die Verben in der 3. Person Singular oder Plural stehen (**se habla** / **se venden**), hängt in diesem Fall vom Objekt ab.

1. **Uno** va un año y medio al instituto y después **uno** hace prácticas.
   Man geht ... dann macht **man** ...

2. En Alemania **uno** se levanta más temprano que en España.
   ... steht **man** früher auf ...

Konstruktionen mit **uno** sind dem Deutschen sehr ähnlich, da **uno** dem deutschen „man" entspricht (Satz 1).
Unpersönliche Konstruktionen mit **se** kommen häufiger vor, aber bei reflexiven Verben kann eine unpersönliche Konstruktion nur mit **uno** gebildet werden, da das **se** schon durch das Reflexivpronomen **se** „besetzt" ist (Satz 2).

9 Der Begleiter todo/-a | El determinante todo/-a

Trabaja **todo** el tiempo.	die **ganze** Zeit
Lee **toda** la noche.	die **ganze** Nacht
Todos mis amigos van a la fiesta.	**alle** meine Freunde
Todas estas pelis son buenas.	**alle** diese Filme

Auf **todo/-a** folgt ein bestimmter Artikel, ein Possessiv- oder ein Demonstrativbegleiter.
Die Singularformen **todo/-a** werden mit „ganze/n" übersetzt.
Die Pluralformen **todos/-as** bedeuten „alle" oder „jede/r/-s/-n".

Los alumnos de mi clase son de **toda España**.

¡OJO!

Vor Länder- und Städtenamen fällt der bestimmte Artikel nach **todo/-a** weg.

10 Die verkürzten Adjektivformen | Los adjetivos apocopados

	♂	♀
Singular	un **buen** amigo	una **buena** amiga
	un **mal** día	una **mala** idea
Plural	**buenos** amigos	**buenas** amigas
	malos libros	**malas** películas

Die Adjektive **bueno/-a** und **malo/-a** werden zu **buen** und **mal** verkürzt, wenn sie im Singular vor einem maskulinen Nomen stehen (▶ **algún/ningún**, S. 66, § 3.2. und **primer/tercer**, S. 47, § 3).

♂	♀
Es un **gran** plan.	Madrid es una **gran** ciudad.

♂	♀
un **gran** jugador ein großer/**großartiger** Spieler (nicht physisch groß)	una **gran** idea eine **großartige** Idee
un coche **grande** ein großes Auto	una casa **grande** ein großes Haus

Grande wird vor allen Nomen im Singular zu **gran** verkürzt.

¡OJO!

Grande hat oft eine unterschiedliche Bedeutung, je nachdem ob es vor oder hinter einem Nomen steht.

11 Der Gebrauch der Präpositionen por und para | El uso de las preposiciones por y para

por	para
(unbestimmte) Ortsangabe Va **por** el parque. (durch) Mira **por** la ventana. (durch) El tren pasa **por** Bilbao. (durch) Pasa **por** la agencia. (vorbei) ¿Hay un hotel **por** aquí cerca? (irgendwo hier)	Richtung Paco va **para** Alemania. (= Paco va a Alemania.)
Zeitraum **Por** la mañana/tarde/noche trabaja.	Termin (für wann?) Busca un trabajo **para** los meses de verano.
Ursache, Beweggrund Llamo **por** su hijo. (wegen) Madrid es famoso **por** la Plaza Mayor. (wegen/für) Sólo compro el libro **por** ti. (deinetwegen)	Zweck (wozu?) Trabaja **para** ganar dinero. (um ... zu) Vamos al cine **para** ver una película. (um ... zu)
nach bestimmten Verben (Austausch) <u>Compro</u> la bici **por** muy poco dinero. ¿Cuántos euros <u>pagas</u> **por** el curso? <u>Cambia</u> el libro **por** otro. <u>Trabaja</u> **por** diez euro la hora.	Bestimmung (für wen / für was?) Compro un libro **para** ti. (für dich) ¿Este regalo es **para** mí? (für mich) Escribe un texto **para** la clase de inglés.
Mittel (wodurch? womit?) Manda un mensaje **por** móvil.	
feststehende Ausdrücke **Gracias por** la carta. **Por ejemplo**, no sabe cantar bien. Sólo gana un 50 **por ciento** (= %). **Pregunta por** el señor López.	

EJERCICIOS

1 Combina las frases como en el ejemplo. Utiliza el pronombre relativo *lo que*. | Verbinde die Sätze wie im Beispiel. Benutze das Relativpronomen *lo que*.

Ejemplo: Luisa quiere estudiar música. A su madre le gusta mucho la idea.
A la madre le gusta mucho **lo que** quiere estudiar Luisa.

1. El profesor explica muchas cosas difíciles. Carlos no las comprende.

   _____

2. Ernesto dice cosas muy divertidas. Pero a Carla no siempre le gustan esas cosas.

   _____

3. Carmen hace mucho deporte. A su amiga le parece muy bien.

   _____

4. Sara dijo algo. Pero Ana no lo escuchó.

   _____

LA POSICIÓN DE LOS PRONOMBRES EN LA FRASE

2 Ordena las palabras y escribe las frases. | Ordne die Wörter und bilde Sätze. Wo es zwei Möglichkeiten gibt, schreibe beide Sätze.

¡OJO!

Achte auf die Akzentsetzung!
▶ Betonungsregeln, S. 141.

1. ¿ayudar / los / me / con / puedes / deberes?

   _____

   _____

2. se / quejando / vez / Laura / está / otra

   _____

   _____

3. le / sus / bicicleta / padres / una / regalaron

   _____

   _____ ▶

4. *¿Y vuestros deberes?* hacer / ¿verdad? / queréis / no / los

_____

_____

5. *¿La peli nueva?* pasada / semana / la / vimos / la

_____

_____

6. Miguel / duchando / está / todavía / se

_____

_____

LOS PRONOMBRES Y DETERMINANTES INDEFINIDOS

3 **a) Contesta las preguntas como en el ejemplo. | Beantworte die Fragen wie im Beispiel.**

Ejemplo: – ¿Conoces **alguna** película de Alejandro Amenábar? – *No, no conozco ninguna.*

1. ¿Tienes **algún** libro de García Márquez? – No, _____

2. Ana ya tiene **algunas** amigas en su curso, ¿verdad? – No, todavía _____

3. Yo tengo **algunos** cedés de Maná en casa, ¿y tú? – No, _____

4. ¿Conoces a **alguno** de esos chicos? – No, _____

5. ¿Tienes **alguna** idea? – No, _____

6. ¿Hay **alguna** tienda en esta calle? – No, _____

b) Encuentra las combinaciones posibles. | Mache ein Kreuz bei allen möglichen Kombinationen.

	coches	personas	libro	fotos	canción	problema
algún						
algunos						
alguna						
algunas						
ningún						
ninguna						

4 Contesta las preguntas. Utiliza la negación doble (*no... nada / nadie / nunca*). | Beantworte die Fragen.

1. ¿Conoces a alguien aquí? – No, _____

2. ¿Sabes algo de Pedro? – No, _____

3. ¿Tienes una mala nota en matemáticas? – No, _____

4. Oye, ¿qué estás haciendo? – No _____

5. ¿Veis a los chicos ahí? – No, _____

6. ¿Comprendes este texto en inglés? – No, _____

7. ¿Cuándo se casaron tus abuelos? – No _____

EL USO DE LOS VERBOS *SABER* Y *PODER*

5 a) Mira los dibujos y completa las frases con una forma de *saber* o *poder*.

1. Elena todavía no _____ leer.

2. Julio no _____ jugar al fútbol.

3. – Oye, ¿tú _____ hablar chino?

   – No, no _____.

4. ¿_____ hacer una pizza para la cena?

5. Manuel _____ nadar muy bien.

6. Ana y Marco _____ bailar tango.

b) Traduce las frases al español. | Übersetze die Sätze ins Spanische.

1. Kannst du Klavier spielen?

_____

2. Ich kann die Tür nicht öffnen. (= ich habe keinen Schlüssel)

_____

6 Mira los dibujos y completa las frases con la preposición y el pronombre correctos. | Ergänze die Sätze mit einer Präposition und einem Personalpronomen.

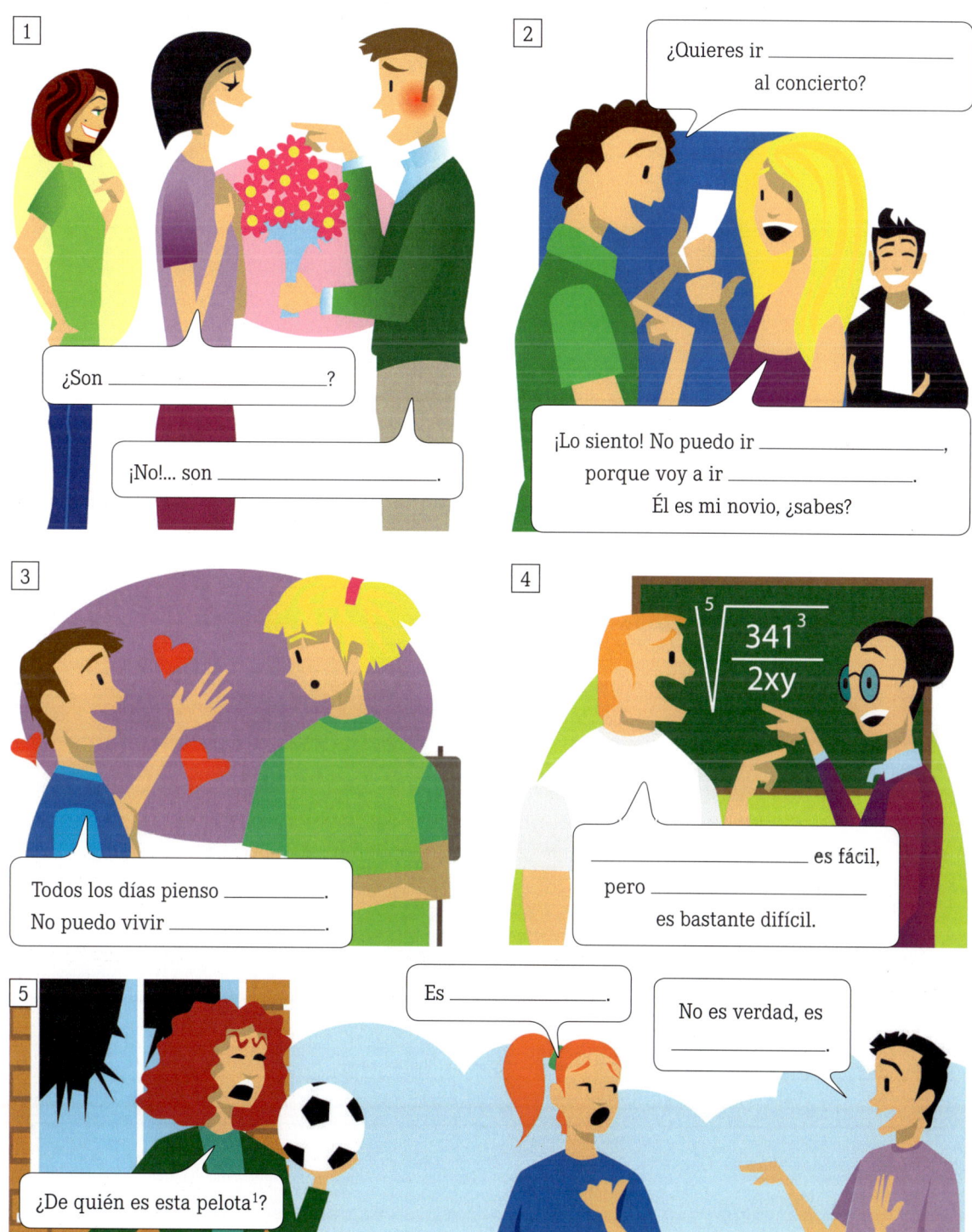

1

¿Son _____?

¡No!... son _____.

2

¿Quieres ir _____ al concierto?

¡Lo siento! No puedo ir _____, porque voy a ir _____. Él es mi novio, ¿sabes?

3

Todos los días pienso _____.
No puedo vivir _____.

4

$$\sqrt[5]{\dfrac{341^3}{2xy}}$$

_____ es fácil, pero _____ es bastante difícil.

5

¿De quién es esta pelota[1]?

Es _____.

No es verdad, es _____.

1 **la pelota** Ball

7 Completa el crucigrama con la 2ª persona singular (*tú*) del imperativo de cada verbo. | Ergänze das Kreuzworträtsel mit der 2. Person Singular des Imperativs der Verben.

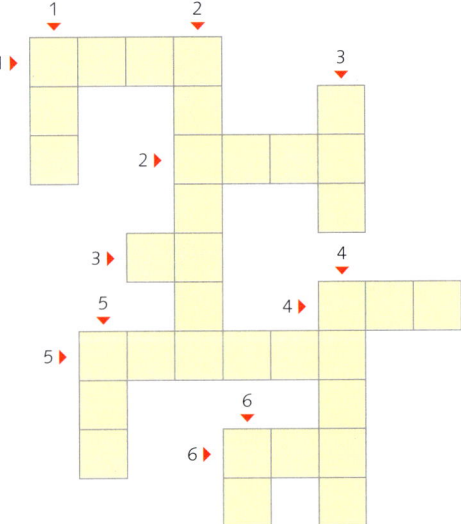

vertical
1 ▼ venir
2 ▼ escribir
3 ▼ tener
4 ▼ hablar
5 ▼ poner
6 ▼ ser

horizontal
1 ▶ irse
2 ▶ comer
3 ▶ decir
4 ▶ hacer
5 ▶ pensar
6 ▶ salir

8 Dilo más directo. Utiliza el imperativo de los verbos y un pronombre. | Sag es direkter.

Ejemplo: ¿Puedes ayudar <u>a tu hermano</u> con los deberes?
¡Ayúdalo con los deberes!

¡OJO!

Achte auf die Akzentsetzung!
▶ Betonungsregeln, S. 141.

1. ¿Puedes dar tu libro de inglés <u>a tus primos</u>?

_____

2. ¿Quieres recoger <u>a tu hermana</u> del instituto?

_____

3. ¿Por qué no os levantáis ya?

_____

4. ¿Queréis ayudarnos con la cena?

_____

5. Tienes que buscar <u>tus gafas</u>.

_____

6. ¿Puedes llamar <u>a tu hermana</u>?

_____

7. ¿Podéis pagar <u>el café</u>?

_____

9 **Traduce las siguientes frases al español. | Übersetze die Sätze ins Spanische.**

1. In der Woche wird viel gearbeitet.

_____

2. Morgens geht man ins Büro.

_____

3. Um 14 Uhr wird gegessen.

_____

4. In der Firma werden viele Sprachen gesprochen.

_____

5. Das Praktikum wird nicht bezahlt.

_____

6. Am Wochenende steht man später auf.

_____

7

EL DETERMINANTE *TODO/-A*

10 **Completa el diálogo entre Marta y Rubén, dos compañeros de piso. Utiliza una forma del determinante *todo*. | Vervollständige den Dialog mit einer Form des Begleiters *todo*.**

Marta: Oye Rubén. Yo así no quiero vivir más contigo. Tú nunca haces nada en este piso y yo siempre tengo

que hacer _____ las cosas aquí.

Rubén: ¿Pero de qué hablas? Yo siempre tengo que hacer _____ el trabajo.

Marta: ¿Tú? ... ¿Qué dices, chico?, ¡por favor! Yo siempre tengo que limpiar[1] _____ el piso,

ordenar[2] _____ la cocina y fregar[3] _____ los platos.

Rubén: Mira Marta, primero que todo, nosotros tenemos un lavaplatos. Además la ropa: _____

los días soy yo quien ordena _____ la ropa en la habitación. Y _____ las

semanas soy yo quien limpia _____ el baño y _____ la terraza.

Marta: ¡Por favor! Tú no haces nada. La que limpia _____ el piso siempre soy yo. ¡Y ahora me

voy a vivir con mi amiga Lorena!

1 **limpiar** sauber machen – 2 **ordenar** aufräumen – 3 **fregar (e → ie)** abwaschen, spülen

11 Completa el texto con una forma de *bueno/-a* (+), *malo/-a* (–) y *grande* (↑). Recuerda las formas apocopadas.

Hola, soy Andrés, estudio 4° de ESO en el Instituto Lope de Vega. Es un _____ (+)

instituto. En inglés y en matemáticas tengo profesores muy _____ (+). En estas asignatu-

ras nunca saco _____ (–) notas. Pero en el último boletín tuve una

_____ (–) nota en lengua. Entonces estuve de _____ (–) humor, claro.

Es que no me gusta nada lengua. Pero para el próximo examen, voy a estudiar con una amiga (ella es muy

_____ (+) en lengua y además es muy guapa ☺). Vivo en un piso bastante

_____ (↑) en el centro de Madrid. Madrid es una _____ (↑) ciudad, ¡me

encanta vivir aquí!

12 Traduce las siguientes frases. Utiliza *por* y *para*.

1. Julia macht gerade ihre Hausaufgaben für morgen.

_____

2. Schaust du heute Abend bei mir zu Hause vorbei?

_____

3. Danke für deine Postkarte aus Mexiko.

_____

4. Ich schicke dir eine Nachricht mit dem Handy.

_____

5. Gestern habe ich diese CD für dich gekauft.

_____

6. Wie viel (Geld) willst du für das Buch haben?

_____

7. Francisco geht nach Berlin, um zu studieren.

_____

LA ESPAÑA VERDE

1 Das *pretérito imperfecto* | El pretérito imperfecto

Infinitiv		**hablar**	**comer**	**vivir**
Singular	1.	habl**aba**	com**ía**	viv**ía**
	2.	habl**abas**	com**ías**	viv**ías**
	3.	habl**aba**	com**ía**	viv**ía**
Plural	1.	habl**ábamos**	com**íamos**	viv**íamos**
	2.	habl**abais**	com**íais**	viv**íais**
	3.	habl**aban**	com**ían**	viv**ían**

Die Verben im **pretérito imperfecto** werden aus dem Stamm und den hier fett markierten Endungen gebildet. Die Verben auf -**er** und -**ir** haben dieselben Endungen.
Die Formen der 1. und 3. Person Singular sind gleich.
In den Formen des **pretérito imperfecto** werden immer die Endungen betont.

Infinitiv		**ser**	**ir**	**ver**
Singular	1.	**era**	**iba**	**veía**
	2.	**eras**	**ibas**	**veías**
	3.	**era**	**iba**	**veía**
Plural	1.	**éramos**	**íbamos**	**veíamos**
	2.	**erais**	**ibais**	**veíais**
	3.	**eran**	**iban**	**veían**

Ser, ir und **ver** sind die einzigen Verben mit unregelmäßigen Formen im **pretérito imperfecto**.
Ver ist nur deswegen unregelmäßig, weil das Endungs-**e** im **imperfecto** nicht verloren geht.

<u>Antes</u> los peregrinos iban a pie.
<u>Siempre</u> hacían el camino por motivos religiosos.
<u>En aquellos años</u> los peregrinos dormían al lado del camino.

Mit dem **pretérito imperfecto** werden v. a. Zustände und sich wiederholende Ereignisse in der Vergangenheit beschrieben.
Signalwörter können z. B. **siempre**, **antes** und **en aquellos años** sein.

2 Der Gebrauch des *pretérito indefinido* und des *pretérito imperfecto* | El uso del pretérito indefinido y del pretérito imperfecto

Carlos **entró** y **saludó** a sus amigos.
Carlos **kam** rein und **begrüßte** seine Freunde.
Antes siempre **saludaba** a sus colegas.
Früher **begrüßte** er seine Kollegen immer.

Im Deutschen machen wir bei der Übersetzung des **pretérito indefinido** und des **pretérito imperfecto** keinen Unterschied, aber im Spanischen ist meistens klar geregelt, wann welche der beiden Vergangenheitszeiten verwendet wird.

¿Qué pasó? ¿Y qué pasó después?
De repente **sonó** el móvil de Pablo.
Pablo lo **buscó** en su mochila, **preguntó** a su hermana, **miró** en su chaqueta y allí lo **encontró**. Entonces **contestó** la llamada.
Desde 1995 hasta 2003 vivimos en Madrid.

Im **indefinido** berichten wir, was geschah.

Handlungen mit klarem Anfang oder Ende

Handlungsketten

abgeschlossene Zeiträume

¿Cómo era la situación?	Im **imperfecto** beschreiben wir, wie etwas war.
Era una noche tranquila. **Hacía** calor pero **llovía**. Pablo **estaba** en casa. **Quería** acostarse temprano porque **estaba** muy cansado.	Beschreibungen/Zustände/Situationen
Como todas las noches, su madre **preparaba** la cena y sus hermanas **veían** la tele.	sich wiederholende Ereignisse/Gewohnheiten

3 Das *pretérito indefinido* und das *pretérito imperfecto* im Satz | El pretérito indefinido y el pretérito imperfecto en la frase

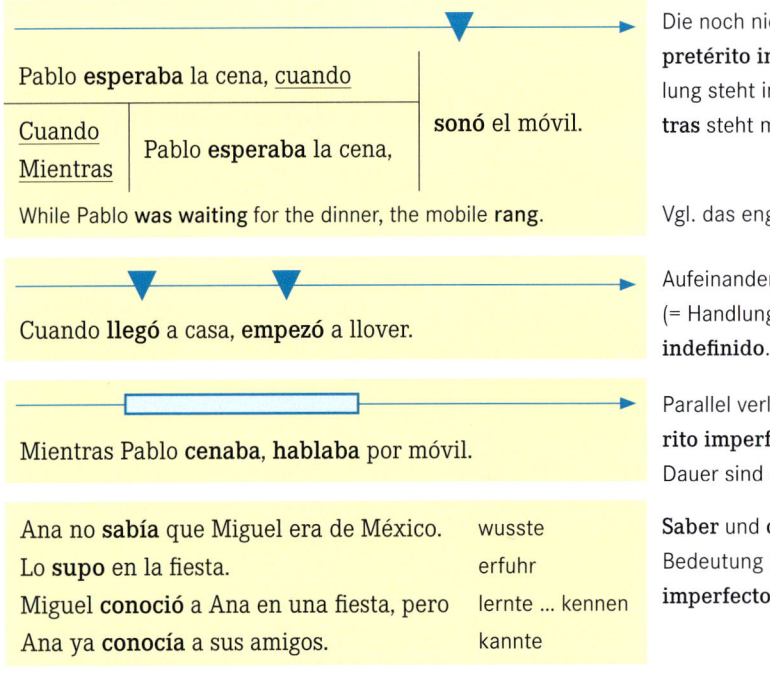

Die noch nicht abgeschlossene Handlung steht im **pretérito imperfecto**, die neu einsetzende Handlung steht im **pretérito indefinido**. Nach **mientras** steht meistens das **pretérito imperfecto**.

Vgl. das englische **past progressive**.

Aufeinanderfolgende abgeschlossene Handlungen (= Handlungsketten, ▶ § 2) stehen im **pretérito indefinido**.

Parallel verlaufende Tätigkeiten stehen im **pretérito imperfecto**. Ihr Anfang, ihr Ende und ihre Dauer sind dabei unwichtig.

Saber und conocer haben eine unterschiedliche Bedeutung im **pretérito indefinido** und **pretérito imperfecto**.

Ana no **sabía** que Miguel era de México.	wusste
Lo **supo** en la fiesta.	erfuhr
Miguel **conoció** a Ana en una fiesta, pero	lernte ... kennen
Ana ya **conocía** a sus amigos.	kannte

4 Die Adverbien auf -mente | Los adverbios en -mente

Habló **tranquilamente** de su situación en el trabajo.	Mit einem **Adverb** wird ein Verb näher beschrieben.
última + **mente** → últimamente tranquila + **mente** → tranquilamente seria + **mente** → seriamente normal + **mente** → normalmente	Die Endung -**mente** wird an die feminine Form des Adjektivs angehängt.
últimamente generalmente desgraciadamente realmente afortunadamente	Die Betonung des Adjektivs (und somit auch ein Akzent, falls vorhanden) bleibt erhalten, wobei dennoch die Hauptbetonung des Wortes auf der vorletzten Silbe -**mente** liegt.

EJERCICIOS

EL PRETÉRITO IMPERFECTO

1 Pon los verbos en pretérito imperfecto como en el ejemplo.

Ejemplo: comemos → comíamos

trabajo → _____   vivís → _____   somos → _____

pongo → _____   ve → _____   duermen → _____

salimos → _____   es → _____   vas → _____

2 Lee el texto sobre la vida de Ricardo, un chico guatemalteco, y completa el texto con los verbos en pretérito imperfecto.

Cuando _____ niños mis primos y yo _____   ser, hacer

muchas cosas juntos. Ellos y yo _____ juntos a la escuela y en el   ir

tiempo libre _____ al fútbol o _____ la   jugar, ver

tele en mi casa o en casa de mis primos.

En esos años nosotros _____ muy cerca de la casa de mis pri-   vivir

mos. A veces mi tía Carmen _____ la comida para toda la fami-   preparar

lia. Entonces mis padres y mis hermanos mayores también _____   ir

a casa de mi tía y todos nosotros _____ allí.   comer

Mi tío Pepe _____ para la tele y _____ a   trabajar, conocer

muchas personas famosas. Entonces durante la comida nos _____   contar

muchas historias divertidas. Después mi tía y mi madre _____ a   irse

la terraza y _____ toda la noche.   hablar

Generalmente mi padre y mis hermanos _____ a casa después   volver

de comer, pero yo _____ a mi mamá.   esperar

A veces, como _____ tarde, _____ en   ser, quedarse

casa de mi tía y _____ allí. ¡_____ unos   dormir, ser

años maravillosos!

3 ¿Recuerdas la historia de Lucía y Lorenzo en la unidad 6 (página 60)? ¿Cómo sigue? Completa el texto con las formas del pretérito indefinido y del pretérito imperfecto.

Después de ver a Lorenzo, su novio, con otra chica, Lucía

_____ (estar) triste y _____

(pensar) todo el tiempo en él. _____ (ser) las cuatro

de la tarde. Ella _____ (estar) en casa y

_____ (esperar) frente al teléfono, pero Lorenzo no

_____ (llamar). Por suerte _____ (estar) sola porque no

_____ (querer) hablar con nadie, bueno... sólo con Lorenzo.

Afuera[1] _____ (hacer) frío y _____ (llover). Lucía no

_____ (saber) qué hacer: no _____ (tener) ganas de nada.

De repente _____

(sonar) el teléfono. Lucía

_____ (contestar)

rápidamente[2]. Pero no la

_____ (llamar)

Lorenzo sino[3] sólo su madre. Lucía _____ (hablar) unos minutos con ella, pero

_____ (terminar) rápidamente. En ese momento _____ (escu-

char) el timbre de la puerta. _____ (abrir) la puerta y _____

(ver) a Lorenzo. Él _____ (entrar) y le _____ (decir): «Tenemos

que hablar, Lucía.»

Entonces Lorenzo le _____ (explicar) todo a Lucía:

La chica que _____ (estar) con él

_____ (ser) su prima Verónica. Ella

_____ (vivir) en otra ciudad pero

_____ (tener) una entrevista aquí para unas prácti-

cas. Verónica _____ (querer) ver a su primo. Por eso, a las once de la mañana ella ▶

_____ (llamar) a Lorenzo y _____ (quedar) con él en la

cafetería. Cuando los dos _____ (llegar) a la cafetería, de repente

_____ (entrar) Lucía y los _____ (ver).

En ese momento Lucía _____ (comprender) la situación y _____

(ponerse) muy feliz.

1 **afuera** draußen – 2 **rápidamente** *adv.* schnell – 3 **sino** sondern

EL PRETÉRITO INDEFINIDO Y EL PRETÉRITO IMPERFECTO EN LA FRASE

4 ¿Pretérito indefinido o pretérito imperfecto? Elige la forma correcta del verbo.

1. Pablo **estuvo/estaba** en la biblioteca cuando **recibió/recibía** un mensaje[1] de Marta.
2. Mientras **leyó/leía** el mensaje, **llegó/llegaba** Marta y le **dijo/decía**: «Te estoy buscando desde hace una hora».
3. Cuando Pablo **vio/veía** a Marta, **se puso / se ponía** muy contento.
4. Pablo le **contestó/contestaba** que mientras ella lo **buscó/buscaba**, él **leyó/leía** un libro allí en la biblioteca.
5. Mientras los chicos **hablaron/hablaban**, de repente **sonó/sonaba** el móvil de Marta.
6. **Fue/Era** Lupe, otra amiga.
7. Lupe **llamó/llamaba** porque **quiso/quería** tomar un café con sus amigos por la tarde.
8. Pablo y Marta **conocieron/conocían** una cafetería muy bonita cerca de la biblioteca y **quedaron/quedaban** allí con Lupe.
9. Mientras los tres **tomaron/tomaban** un café, **charlaron/charlaban** y **se rieron / se reían** mucho.

1 **el mensaje** *hier:* SMS

LOS ADVERBIOS EN -*MENTE*

5 Transforma primero los adjetivos en adverbios. Después elige cinco para completar las frases. | Bilde zuerst Adverbien aus den Adjektiven. Wähle dann fünf aus und ergänze die Sätze.

fácil[1]	probable[2]	normal	tranquilo	solo	rápido[3]	real

1. _____ Julio se levanta a las siete.

2. Después de ducharse, desayuna _____ con su novia.

3. Pero ayer salieron con amigos, _____ por eso hoy va a llegar tarde al trabajo.

4. Sale _____ de casa para coger el bús.

5. ¡La vida es _____ duro para un chico que sale cada noche!

1 **fácil** leicht – 2 **probable** wahrscheinlich – 3 **rápido/-a** schnell

8

COMPROMISO SOCIAL

1 Die indirekte Rede und Frage im Präsens | El estilo indirecto en el presente

1.1. Der indirekte Aussagesatz | El enunciado indirecto

direkte Rede	indirekte Rede
Ana: «Quiero ver una película.»	Ana **dice que** quiere ver una película.
«Veinte millones de niños están en peligro.»	En el periódico **escriben que** veinte millones de niños están en peligro.
Paula: «Mi padre cocina muy bien.»	Paula **cuenta que** su padre cocina muy bien.
Max: «Sé hablar español porque viví un año en Madrid.»	Max **explica que** sabe hablar español porque vivió un año en Madrid.

Die indirekte Rede wird verwendet, um wiederzugeben, was jemand gesagt oder geschrieben hat. Ein Aussagesatz wird durch ein Verb des **Sagens**, **Denkens** oder **Schreibens** und der Konjunktion **que** eingeleitet.

¡OJO!

Die Verben, Pronomen und Begleiter müssen in der indirekten Rede der veränderten Sprecherperspektive angepasst werden.

1.2. Die indirekte Frage | La interrogación indirecta

direkte Frage	indirekte Frage
Miguel: «¿A qué hora empieza la película?»	Miguel quiere saber **a qué** hora empieza la película.
Pablo: «¿Dónde es el evento?»	Pablo pregunta **dónde** es el evento.
Ana: «¿Queréis ir conmigo?»	Pablo: Ana pregunta **si** queremos ir con ella.
Ana: «¿Vais al evento?»	Pablo: Ana quiere saber **si** vamos al evento.

Die indirekte Frage wird mit Verben wie **preguntar** und **querer saber** eingeleitet. Das Fragepronomen (**qué, quién, dónde, cuándo, por qué**, …) wird aus der direkten Frage übernommen.

Wenn die direkte Frage kein Fragewort enthält, wird die indirekte Frage mit **si** (= ob) eingeleitet.

2 Das *pretérito perfecto* | El pretérito perfecto

2.1. Bildung | Morfología

Infinitiv			haber	Partizip
Singular	1.		he	
	2.		has	
	3.		ha	desayunado
				comido
Plural	1.		hemos	salido
	2.		habéis	
	3.		han	

Das **pretérito perfecto** wird aus einer konjugierten Form des Verbs **haber** im Präsens und dem Partizip des Hauptverbs gebildet.

Das Partizip wird aus dem Stamm des Verbs und der Endung **-ado** (bei den Verben auf **-ar**) oder **-ido** (bei den Verben auf **-er** und **-ir**) gebildet.

Die Partizipien mancher Verben tragen einen Akzent: **traer → traído; leer → leído; oír → oído.**

abrir → **abierto**	morir → **muerto**
decir → **dicho**	poner → **puesto**
describir → **descrito**	romper → **roto**
escribir → **escrito**	ver → **visto**
hacer → **hecho**	volver → **vuelto**

Einige Verben haben ein unregelmäßiges Partizip.

¡OJO!

Das Partizip ist eine unveränderliche Form, die nicht angeglichen wird.

2.2. Gebrauch | Uso

Hoy **he visto** a mi padre.
Todavía no **ha hecho** sus deberes.
Siempre te **ha gustado** esta chica, ¿verdad?
¿**Has estado** alguna vez en México?
Este año **he trabajado** mucho.

Das **pretérito perfecto** wird verwendet, wenn eine Handlung in einem Zeitraum stattfindet, der für den Sprecher noch nicht abgeschlossen ist, z. B. **hoy, esta tarde/mañana/semana, este mes/año, hasta ahora, todavía (no), siempre, alguna vez, nunca, en mi vida,** usw.

No han cenado todavía.   Sie haben noch nicht gegessen.
Me he duchado.   Ich habe mich geduscht.

Haber und das **Partizip** bilden im Spanischen – anders als im Deutschen – eine Einheit und dürfen nicht durch Pronomen oder andere Partikel (z. B. **no**) getrennt werden.

Me he duchado.   * He duchadome.

Die Pronomen können – anders als beim **gerundio**, Imperativ und Infinitiv – nicht an das Partizip angehängt werden.

LANDESKUNDE

In einigen Fällen, in denen in Spanien das **pretérito perfecto** verwendet wird, benutzt man in Lateinamerika stattdessen das **pretérito indefinido**.

Spanien	Lateinamerika	
Siempre **hemos vivido** en Madrid.	Siempre **hemos vivido** en Buenos Aires.	Handlung ist noch nicht beendet
Esta noche **he dormido** muy bien.	Esta noche **dormí** muy bien.	Handlung ist beendet
Hoy me **he levantado** tarde.	Hoy me **levanté** tarde.	Handlung ist beendet

3 Zwei Objektpronomen im Satz | El complemento indirecto y directo en la frase

¿**Nos** mandas las fotos? → ¿**Nos** las mandas?
Schickst du **uns** die Fotos? → Schickst du sie **uns**?

¿**Me** compras el libro? → ¿**Me** lo compras?
Kaufst du **mir** das Buch? → Kaufst du es **mir**?

In einem Satz mit zwei Objektpronomen steht im Spanischen das **indirekte** vor dem direkten Objektpronomen, d. h. die Person steht vor der Sache.
Im Deutschen ist es genau umgekehrt, dort steht die Sache vor der Person.

Le			Se	
Les	doy el libro.	→	Se	lo doy.

Vor den direkten Objektpronomen **lo/s** und **la/s** werden die **indirekten** Objektpronomen **le/s** zu **se**.

Me		
Te		
Se	lo/s	dan.
Nos	la/s	
Os		
Se		

Mánda**me** las fotos. → ¡Mánda**me**las!

Steht das Verb im Imperativ, werden beide Objektpronomen immer angehängt.

¿Puedes mandár**nos**las? = ¿**Nos** las puedes mandar?
¿Vas a comprár**me**los? = ¿**Me** los vas a comprar?
Está diciéndo**se**lo. = **Se** lo está diciendo.
Estoy explicándo**te**lo. = **Te** lo estoy explicando.

Bei **Infinitivkonstruktionen** und dem **gerundio** können die Pronomen entweder angehängt werden oder sie stehen vor dem konjugierten Verb.

¡OJO!

Wenn die Pronomen angehängt werden, bekommt das Verb einen Akzent.

4 Die Verdoppelung des Objekts | La reduplicación del complemento

direktes Objekt	direktes Objektpronomen	
El último kilómetro	lo	hicieron a pie.
Los últimos kilómetros	los	
Esta semana	la	he pasado
Estas semanas	las	muy bien.

indirektes Objekt	indirektes Objektpronomen	
A su familia	le	manda un sms.
A todos	les	

Direkte und indirekte Objekte können auch am Satzanfang stehen. Ist dies der Fall, dann muss vor dem Verb das entsprechende Objektpronomen nochmals hinzugefügt werden.

5 Llevar, seguir und ir + *gerundio* | Llevar, seguir e ir + gerundio

Llevo un año **buscando** trabajo. **llevar** + Zeitraum + gerundio	etwas schon seit einiger Zeit tun
Sigo haciendo prácticas. **seguir** + gerundio	etwas weiterhin (immer noch) tun
Poco a poco **vais aprendiendo**. **ir** + gerundio	etwas allmählich (nach und nach) tun

Im Spanischen werden Dinge, die im Deutschen durch Adverbien versprachlicht werden, oft durch verbale Konstruktionen ausgedrückt. Häufige verbale Konstruktionen sind **llevar/seguir/ir + gerundio**.

6 Der Infinitiv nach Präpositionen | El infinitivo detrás de preposiciones

Después de <u>comer</u> escucha siempre un poco de música.
Antes de <u>salir</u> siempre come un bocadillo.

Al <u>comer</u> sonó el teléfono.
= **Cuando** comía...

Por no <u>descansar</u> se durmió durante la reunión.
= **Como** no descansó...

Vio la tele **hasta** <u>dormirse</u>.
= Vio la tele **hasta que** se durmió.

Wenn im Spanischen auf eine **Präposition** ein Verb folgt, so steht dieses immer im <u>Infinitiv</u>.

Die Infinitivkonstruktionen mit **al/por/hasta** können einen Nebensatz verkürzen.

APRENDER MEJOR LA GRAMÁTICA

Grammatikregeln formulieren

A Lies dir ein Grammatikkapitel sorgfältig durch und schreibe die Regeln aus der rechten Spalte in eigenen Worten auf eine Kartei-karte. Ergänze dann ein Beispiel, das du dir besonders gut merken kannst.

➡ Probiere das für die Adverbien auf -**mente** aus (▸ S. 78, § 4).

B Sieh dir die Beispiele in der linken Spalte des Grammatikkapitels eine Minute lang an und überlege, welche Funktion die grammatische Struktur hat. Schreibe deine Vermutung auf ein Blatt. Überprüfe deine Vermutung, indem du den Lektionstext überfliegst und nach weiteren Beispielen suchst. Vergleiche zum Schluss deine Vermutung mit der rechten Spalte des Grammatikhefts. Stimmt deine Vermutung?

➡ Probiere das für die Unterscheidung von **poder** und **saber** aus (▸ S. 66, § 5).

9

EJERCICIOS

EL ESTILO INDIRECTO EN EL PRESENTE

1 ¿Qué dicen los periódicos? Lee los fragmentos y cuenta lo que dicen las personas. Utiliza: *decir*, *creer*, *contar*, *explicar*, *pensar*. Escribe en tu cuaderno. | Lies die Zeitungsausschnitte und gib wieder, was die Personen sagen. Verwende die indirekte Rede.

Ejemplo: Paula Contreras, una actriz gallega, dice que...

¡OJO!

Denke daran, dass die Verben, Pronomen und Begleiter der veränderten Sprecherperspektive angepasst werden müssen.

1
Paula Contreras, actriz gallega
«Quiero ser una buena madre para mi hijo.»

2
Gustavito, futbolista ecuatoriano
«Vamos a ganar la próxima Copa Mundial de Fútbol[1].»

3
MARITZA CHAPARRO, AZAFATA COLOMBIANA
«Hoy en día los clientes de nuestra empresa no son como antes y mi profesión cada día es más peligrosa[2].»

4
Imelda Solarte, diseñadora de zapatos
«Para mí no es un trabajo… es una afición. No me interesa diseñar[3] ropa, ¡quiero hacer arte!»

5
SANTOS MARTÍNEZ, TAXISTA COSTARRICENSE
«NOSOTROS, CON TANTO ATASCO EN LA CIUDAD NO PODEMOS TRABAJAR. YO VOY A CAMBIAR DE PROFESIÓN…, O ME VOY A OTRO PAÍS, ¡ME DA IGUAL![4]»

6
ALEJANDRO-ALEJANDRO, ARTISTA CATALÁN
«Lo que quiero en mi vida es cantar. No me gusta, pero es lo único que sé hacer bien.»

1 la Copa Mundial de Fútbol Fußballweltmeisterschaft – 2 **peligroso/-a** gefährlich – 3 **diseñar** entwerfen, gestalten – 4 ¡Me da igual! Ist mir egal!

2 Escribe las siguientes frases y preguntas en el estilo directo. | Schreibe die Sätze und Fragen in der direkten Rede.

1. Ana dice que quiere ir al cine.

   Ana: «_____»

2. Miguel quiere saber dónde es la fiesta.

   Miguel: «_____»

3. Paula cuenta que su hermano cocina muy bien.

Paula: «_____»

4. María explica que sabe hablar alemán porque vivió en Berlín.

María: «_____»

5. Carlos les pregunta a Luisa y a Ana si quieren ir al evento con él.

Carlos: «_____»

6. Marta dice que antes nunca leía libros pero que ahora le gusta mucho.

Marta: «_____»

EL PRETÉRITO PERFECTO

3 a) ¿Qué formas del verbo *haber* puedes colocar en la tabla? |
Welche Formen des Verbs *haber* passen in die Tabelle?

b) ¿Qué forma de *haber* falta? | Welche Form von *haber* fehlt?

_____

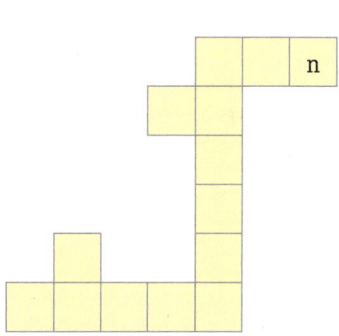

4 Completa el crucigrama con los participios de los verbos. | Ergänze die Tabelle mit den Partizipien der
Verben.

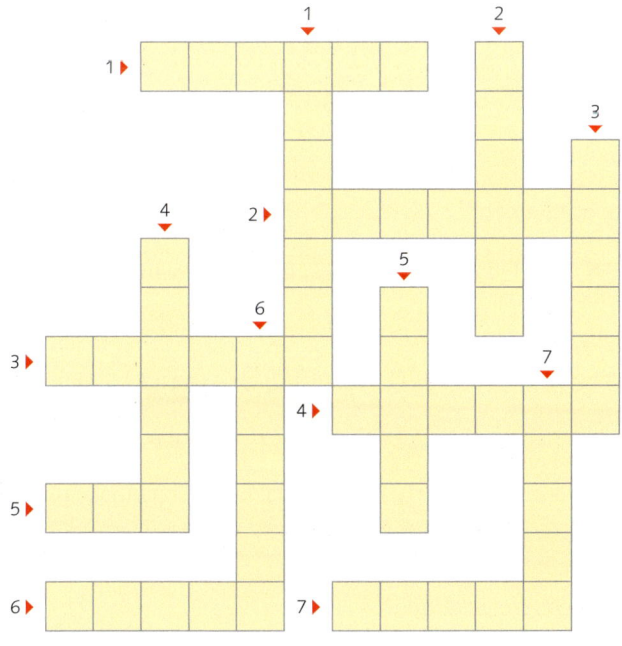

horizontal	vertical
1 ▶ pasar	1 ▼ abrir
2 ▶ escribir	2 ▼ coger
3 ▶ poner	3 ▼ comer
4 ▶ estar	4 ▼ volver
5 ▶ ir	5 ▼ ver
6 ▶ hacer	6 ▼ tener
7 ▶ leer	7 ▼ decir

5 Lee las respuestas y escribe una pregunta correcta. | Lies die Antworten und schreibe eine passende Frage.

1. _____
   – No, todavía no he hecho mis deberes.

2. _____
   – ¿A Pablo? Sí lo hemos visto esta tarde en la biblioteca.

3. _____
   – ¿Los textos? No, todavía no los han leído, estoy segura.

4. _____
   – Creo que ha ido de vacaciones dos veces este año, pero no estoy seguro.

5. _____
   – ¿Esta mañana? ¡Muy tarde! Es que he dormido muy mal.

6. _____
   – Sí, dos veces. En Madrid y en Andalucía. ¡Me encanta España!

7. _____
   – No, hasta ahora nunca hemos trabajado como voluntarios.

6 ¿Pretérito perfecto o pretérito indefinido? Completa el diálogo con la forma correcta de los verbos.

Después de las clases, Carlos y Merche charlan en una cafetería de Sevilla.

Carlos: No sé qué está pasando conmigo. Esta mañana _____ (levantarse)

demasiado tarde otra vez y _____ (tener que) correr para coger el autobús.

Es que _____ (dormir) muy mal y entonces _____

(estar) muy cansado toda la mañana. ¡Ya es la tercera noche en una semana que me pasa eso!

Merche: ¿Oye, no crees que es por el examen de mañana? El martes pasado, antes del examen de mates,

tampoco _____ (poder) dormir bien y _____

(llegar) tarde a clases. Y antes del examen de inglés también _____ (pasar) eso.

Carlos: Tal vez tienes razón. ¿Por qué me pongo siempre tan nervioso? Menos mal que pronto llegan las

vacaciones. ¿Ya te lo _____ (contar)? ¡Vamos a viajar a México!

Merche: ¿En serio? ¡Wow! Yo nunca _____ (estar) en América Latina. ¡Pero

me gustaría mucho ir! Tú ya _____ (viajar) a México alguna vez, ¿verdad?

Carlos: Sí, hace tres años _____ (ir) a Chihuahua. Es que tenemos familia

ahí. Jolines, ¿por qué no puedo irme ahora, sin escribir ese examen?

Merche: Tranquilo, chico. Al final siempre sacas una buena nota, ¿no?

7 Dilo con los pronombres. | Verkürze die Sätze, indem du anstelle der unterstrichenen Satzteile Pronomen verwendest. Wenn es zwei Möglichkeiten gibt, schreibe beide auf.

Ejemplo: Voy a mandarle una carta a mi abuela.
a) Se la voy a mandar. / b) Voy a mandársela.

¡OJO!

Achte auf die Akzentsetzung!
▶ Betonungsregeln, S. 141

1. Voy a darle estos libros a Ana.

   _____

2. Te mando las facturas por e-mail.

   _____

3. ¿Quieres contarles tu historia a tus abuelos?

   _____

4. Todavía no me has preguntado si quiero venir.

   _____

5. ¡Dale las patatas a tu hermana!

   _____

6. ¿Puedes mandarles los documentos a los clientes, por favor?

   _____

7. Tía Marina compró esta bicicleta para ti y para tu hermano.

   _____

8. ¿Nos vas a comprar un perro?

   _____

9. ¡Diles a tus hermanos que queremos cenar ahora!

   _____

10. ¿Puedes explicarme este ejercicio?

    _____

11. ¿Ya le has dicho a Marco que no vamos a su fiesta?

    _____

12. Os voy a contar una historia a ti y a tu hermana.

    _____

8 Mira los dibujos y completa el diálogo con los complementos y los pronombres de complemento correctos. | Ergänze den Text mit den richtigen Objekten und Objektpronomen.

Marcela y Carolina son amigas y ahora viven en un piso compartido. Están organizando las cosas en el piso.

Carolina: ¡Me encanta este piso! Es tan grande y tan claro. ¿Qué te parece si pintamos el salón de color rojo

y la mesa _____ la pintamos de color blanco y la ponemos aquí al lado de la

terraza?

Marcela: Pues..., no sé si es buena idea. Es que el pasillo es un poco pequeño y _____

_____ tenemos que poner allí. Entonces es mejor dejar el salón blanco.

Carolina: Pero _____ _____ podemos poner en nuestras habitaciones.

Marcela: Y _____ _____ tenemos que poner aquí, al lado del salón. Pero

el rojo no le va muy bien.

Carolina: Pero es que yo, _____ _____ quiero poner al lado de la

puerta. _____ _____ podemos poner allí también y así está todo junto.

Marcela: Es que no sé... pero mira, otra pregunta. ¿ _____ dónde _____

vas a poner? ¿A la derecha o a la izquierda de la puerta?

Carolina: A la izquierda. Y _____ _____ quiero al lado de la ventana.

Así _____ _____ puedo poner allí porque hay más luz.

Marcela: Y yo, _____ _____ voy a poner aquí en el salón para escu-

char siempre música.

Carolina: Pero entonces... ¿pintamos el salón de rojo?

Marcela: Ay chica...

9 Lee las frases sobre Roberto y Marisol y dilas de otra forma. Utiliza *llevar*, *seguir* o *ir* + gerundio. | Sag es auf eine andere Art. Verwende *llevar*, *seguir* oder *ir* + gerundio.

Ejemplo: Roberto y Marisol viven en Madrid desde hace cinco años.
Roberto y Marisol llevan cinco años viviendo en Madrid.

1. Roberto conoció a Marisol hace dos años. Desde entonces salen juntos.

_____ ▶

2. En aquellos tiempos iban mucho al cine. Hoy en día también lo hacen.

_____

3. Antes, los fines de semana Marisol estudiaba pintura. Todavía lo hace.

_____

4. Por eso Marisol aprende cada vez más cosas sobre pintura.

_____

5. Marisol y Roberto ya están viviendo juntos desde hace seis meses.

_____

6. Antes siempre hablaban mucho. Todavía lo hacen.

_____

EL INFINITIVO DETRÁS DE PREPOSICIONES

10 **Dilo de otra forma. Completa el texto sobre Felix con una de las preposiciones del recuadro y el infinitivo de los verbos subrayados. | Sag es auf eine andere Art. Vervollständige den Text mit einer Präposition und dem Infinitiv der unterstrichenen Verben.**

antes de	después de	al	para	por

1. Felix conoció a una chica de Bolivia y unos meses más tarde fue al pueblo de Guamote.

   = _____ a una chica de Bolivia, Felix fue al pueblo de Guamote.

2. Felix decidió hacer este viaje porque quería trabajar como voluntario en un colegio.

   = Felix decidió hacer este viaje _____ como voluntario en un colegio.

3. Como Felix ya sabía hablar español, pensó que la aventura no iba a ser difícil.

   = _____ ya _____ hablar español, Felix pensó que la aventura no iba a ser difícil.

4. Cuando Felix subió al avión conoció a una señora que tenía miedo de volar.

   = _____ al avión, Felix conoció a una señora que tenía miedo de volar.

5. Felix estuvo primero en Quito y después llegó a Guamote.

   = _____ a Guamote, Felix estuvo en Quito.

6. Cuando llegó al colegio una persona le dio un beso. Era la misma señora del avión.

   = _____ al colegio, una persona le dio un beso. Era la misma señora del avión.

3

EVALUACIÓN

Gesamtpunktzahl _____ **von 60 Punkten**

I. YA LO SÉ

_____ / 20 Punkten (2 je Frage)

1. Verkürze die Sätze, indem du die unterstrichenen Objekte durch Objektpronomen ersetzt.

1. ¿Nos mandas las fotos a mi hermana y a mí? _____

2. ¡Explícale el ejercico a tu amigo! _____

2. In welchem dieser Sätze kann das Pronomen nicht an einer anderen Stelle stehen?

1. ☐ Te quiero decir la verdad.   3. ☐ Te estoy diciendo la verdad.
2. ☐ Te he dicho la verdad.   4. ☐ Te voy a decir la verdad.

3. Ergänze die Sätze mit einer Form von _saber_ oder _poder_.

1. Lucía _____ hablar francés.

2. ¿_____ jugar al tenis conmigo esta tarde?

3. Yo no _____ cocinar y no lo quiero aprender.

4. Pedro no _____ nadar porque está enfermo.

4. Wie werden folgende Wörter verkürzt, wenn auf sie ein männliches Nomen im Singular folgt (z. B. _chico_)?

primero _____   tercero _____   alguno _____   ninguno _____

5. Ergänze die Sätze mit dem Relativpronomen _que_ oder _lo que_.

1. El libro _____ me diste me parece muy aburrido.

2. Ana no comprende _____ dice el profesor.

3. Me parece muy interesante _____ me cuentas.

4. Tengo un amigo _____ estudia en Madrid.

6. In welcher Form muss ein Verb stehen, wenn es auf eine Präposition wie _antes de_, _después de_ oder _al_ folgt?

_____

ENCUENTROS

A_tope.com

GRAMMATIK
ZUM NACHSCHLAGEN
UND ÜBEN

LÖSUNGSHEFT

Cornelsen

1 1. escriben – 2. (Vosotras) Coméis – 3. baila – 4. leemos – 5. escuchan – 6. tocas – 7. vivís –
8. trabajo, estudio – 9. habláis – 10. comprendes, comprendo – 11. vivimos

2 Miguel y Pablo estudian juntos en el instituto «Lope de Vega». Los dos chicos viven en Madrid.
Pablo habla español y alemán. Miguel no habla alemán, pero habla inglés.
Ahora los chicos charlan/hablan en una plaza de Madrid con Teresa y Laura, unas amigas.
Teresa trabaja en un hotel. Laura no trabaja, estudia en el instituto. En su tiempo libre también
aprende francés y toca la guitarra.
Más tarde los chicos toman algo en la cafetería. Laura toma un bocadillo de jamón y un zumo
de naranja. Pablo y Teresa beben/toman un café con leche y Miguel bebe/toma una coca-cola.

3 – ¿Tú eres Carlos? – Sí, yo soy Carlos.
– Ellos son Lucía y Pepe. Lucía es de Madrid y Pepe es de Sevilla. – Ah, yo soy Ramón, ¡mucho
gusto!
– Nosotros somos estudiantes de aquí, del instituto, ¿y vosotros quiénes sois? – Yo soy Antonio
y ellas son mis amigas Maite y Pilar. Somos de Madrid.

4 1. No, (Claudia) no vive en Buenos Aires, vive en Barcelona. – 2. No, (Claudia) no estudia en el
instituto, trabaja en el aeropuerto. – 3. No, (Claudia) no habla gallego, árabe y chino. Habla catalán, español y un poco de inglés. – 4. No, (Claudia) no aprende francés, aprende alemán. –
5. No, (Maite) no toca el piano, toca la flauta. Y no baila flamenco, baila salsa. – 6. No, (las chicas) no escriben textos para la clase de alemán, escriben cartas.

5 1. (Yo) No hablo inglés. – 2. Pablo y Laura no son de México. – 3. Ana no escribe un texto. –
4. Teresa no toma un zumo, toma un café. – 5. Laura no es la hermana de Ana.

6 Julio es un chico de Málaga, una ciudad en Andalucía. Estudia en el instituto «Fernando XIII».
La hermana de Julio se llama Paula. Ella no estudia, pero trabaja en el instituto de Julio. Es
profesora de francés.
Carlos y Antonio son amigos de Julio. Después de las clases los chicos toman algo en una/la cafetería de la Plaza Pastores. La cafetería se llama «El Andaluz». Victoria y Luisa, unas amigas de
Julio, también toman algo con los chicos allí. Julio toma un zumo de naranja, las chicas toman
un café y Antonio toma una coca-cola. Carlos no toma nada, pero come un bocadillo. Los chicos
charlan y escriben mensajes a sus amigos.

7 1. la discoteca – las discotecas – 2. el texto – los textos – 3. la mesa – las mesas –
4. el color – los colores – 5. la edad – las edades – 6. el autor – los autores

8 ich → yo – du → tú – er → él – sie → ella/ellos/ellas – Sie → usted/ustedes –
wir → nosotros/nosotras – ihr → vosotros/vosotras

9 Luisa: Hola, ¿cómo te llamas?

Pablo: Me llamo Pablo. ¿Y tú?

Luisa: Soy Luisa, ¡mucho gusto!

Pablo: ¿De dónde eres?

Luisa: Soy de Sevilla, pero vivo aquí en Madrid. Y tú, ¿dónde vives?

Pablo: Yo también vivo aquí en Madrid. ¿Y quiénes son ellas?

Luisa: Son Ana y Marta, unas amigas.

Pablo: Y ese chico allí, ¿quién es?

Luisa: Ah, es Carlos, el hermano de Marta. ¿Tomamos algo?

Pablo: Sí muy bien. ¿Qué tomas?

Luisa: Un zumo de naranja, gracias.

10 1. ¿Dónde vivís? – 2. ¿Qué tal? – 3. ¿Cómo estás? – 4. ¿Cómo te va? – 5. ¿Qué estudias? – 6. ¿Quiénes son ellas? – 7. ¿De dónde es Paula? – 8. ¿Quién es Miguel? – 9. ¿Qué escribes?

UNIDAD 2   LA FAMILIA Y LOS AMIGOS

1 1. están – 2. está – 3. estamos – 4. estás – 5. Estoy, estáis – 6. Estamos

2 Hola Julia,

¿Cómo estás? Te escribo porque ahora soy estudiante de Gestión Comercial en el instituto, genial, ¿no? El instituto no está lejos de mi casa y mis compañeros son muy simpáticos.

Bueno, de momento estoy en la cafetería cerca de la plaza.

Cambiando de tema: Tú también eres amiga de Carlos Díaz López, ¿verdad? Carlos es el primo de mi amiga Ana. Seguro que vosotras también sois amigas.

Su familia vive cerca de tu casa en Sevilla.

Bueno, chica, hablamos después porque ahora tengo que estudiar. ☹

Besos,

Laura

Crossword:

6↓ 1↓ 4▶ S O N
E R E S O
   E E S T O Y
5▶ E S T A 7↓
3▶ E S T Á E
   Á 8▶ S O I S

3 1. es – 2. está – 3. hay – 4. está – 5. hay – 6. hay – 7. es – 8. está – 9. hay – 10. está

4 Hoy por la noche Pablo y sus amigos tienen una fiesta del instituto «Lope de Vega».

En la discoteca los chicos hablan de las clases y de los exámenes, pero también bailan y toman algo juntos. En la fiesta también hay otros chicos del curso de Pablo. Maribel es una compañera de los chicos en el instituto y Pedro es un amigo del primo de Pablo. Él también es el novio de la hermana de Maribel. En la discoteca suena el móvil de Ana, es Teresa, su hermana. Ella trabaja en la recepción del hotel «Miraflor». El hotel está cerca de la discoteca y Teresa también queda con Ana y sus amigos en la fiesta.

5 1. mis: hermanas, clases, problemas, padres, primas, compañeras – 2. tu: libro, móvil, madre, novio, amigo – 3. nuestras: hermanas, clases, primas, compañeras – 4. vuestro: libro, móvil, novio, amigo – 5. sus: hermanas, clases, problemas, padres, primas, compañeras

6 a)

q	u	i	e	r	é	i	s	p	o	d	á	u	s	i	e
u	p	o	d	e	m	o	s	u	s	á	i	s	e	v	i
q	u	p	o	d	í	p	i	e	n	s	a	s	n	u	e
u	u	i	u	e	n	u	a	d	i	v	i	p	u	e	d
e	v	e	e	v	a	e	i	o	s	u	e	o	e	l	e
r	u	n	r	á	u	d	a	é	n	e	p	d	n	v	n
e	e	s	i	é	a	e	u	i	s	l	v	é	u	o	a
m	l	o	n	l	i	o	l	s	p	e	n	s	á	i	s
o	v	p	i	e	n	s	a	v	q	u	i	e	r	e	s
s	e	á	i	v	u	e	l	v	e	n	p	e	n	s	o
v	u	e	l	v	a	m	o	s	á	s	v	u	e	l	a

b)
1. pensar: pensamos, piensan
2. querer: quiero, quiere, quieren
3. poder: puedes, podéis, pueden
4. volver: volvemos, volvéis

7 Pablo: Hola Miguel, ¿cómo estás?

Miguel: Hola Pablo, muy bien, gracias. ¿Tú aquí?

Pablo: Sí, mira. Ana y yo jugamos al voleibol hoy por la tarde. ¿Y tú y Enrique? ¿Tenéis tiempo? ¿Jugáis con nosotros?

Miguel: De Enrique no sé. Pero yo no puedo, no tengo tiempo. Laura y yo tenemos que estudiar para el examen de inglés. Pero hoy por la noche juego/jugamos al fútbol con unos amigos. Y Marco y su hermano también juegan con nosotros.

Pablo: Marco... Una pregunta: ¿Tú tienes su número nuevo?

Miguel: ¿Número nuevo? ... ¿Marco tiene un número nuevo? ... Pues no sé. Pero él y yo quedamos aquí en la plaza. Mira, allí está Marco.

Marco: ¡Hola chicos!

Pablo: ¡Hola! Marco, yo no tengo tu número nuevo, ¿sabes?

Marco: Pero yo no tengo un número nuevo. Mi hermano y yo tenemos móviles nuevos, pero el número es el mismo.

8 1. ¿Cuántos libros hay (en el escritorio de Pablo)? – Hay cinco. – 2. ¿Cuántas cartas hay? – Hay tres. – 3. ¿Cuánto zumo hay? – Hay mucho. – 4. ¿Cuánta leche hay? – Hay muy poca. – 5. ¿Cuántas fotos hay? – Hay muchas. – 6. ¿Cuántos bocadillos hay? – Hay uno.

9 a) Sevilla, la capital de Andalucía, es una ciudad moderna, festiva, tradicional, elegante, graciosa, genial... Con todos estos adjetivos y muchos más puedes describir esta ciudad, que también es muy «española» y muy «andaluza» y que tiene muchos atractivos artísticos, culturales, sociales y turísticos. Así Sevilla es hoy una de las ciudades más universales, fantásticas y famosas del mundo. Visita también Triana, un barrio muy antiguo e interesante.

10 mucha: gente, suerte   otro: novio, problema, ambiente
     pocas: calles, clases, fotos   muchos: pisos, hoteles

UNIDAD 3   EL DÍA A DÍA

1 1. Son las once menos cuarto. – 2. Es la una y cuarto. – 3. Son las cinco y media. – 4. Son las dos menos diez. – 5. Es la una menos veinticinco.

2 Camarera: ¡Hola chicos! ¿Qué queréis tomar?
Luis: Para mí un café, un zumo de naranja y un bocadillo de queso, por favor.
Carlos: Para mí también.
Camarera: Entonces dos cafés, dos zumos de naranja y dos bocadillos de queso.
Carlos: ¡No! Yo también quiero un café, pero no quiero un zumo, sólo un café, por favor.
Camarera: ¿Y también quieres un bocadillo de queso?
Carlos: No gracias, de queso no.
Camarera: ¿Y de jamón?
Carlos: No, tampoco.
Camarera: Oye chico, no te comprendo. Entonces, ¿qué quieres?
Carlos: Vale, vale, otra vez: Yo también tomo un café, pero no tomo un zumo y tampoco un bocadillo. No como queso y tampoco jamón.
Camarera: ¡Uff! Entonces dos cafés, un zumo y un bocadillo, ¿correcto?
Carlos: Sí, correcto. Ah, y también un cruasán, por favor.

3 1. ¡Hola! Me llamo Susana, ¿y tú? – 2. Hoy es domingo y se levantan tarde. – 3. No os ducháis temprano, ¿verdad? – 4. ¿Por qué se queja de su trabajo? – 5. Hoy mi hermano y yo nos quedamos en casa y cenamos con nuestros padres. – 6. Te llevas muy bien con tus hermanas. – 7. Juan siempre se acuesta a las once y media.

4 a)

	ir	venir
[yo]	voy	
[tú]	vas	vienes
[él/ella/usted]		
[nosotros/-as]	vamos	
[vosotros/-as]	vais	venís
[ellos/ellas/ustedes]		vienen

b)
ir: va, van
venir: vengo, viene, venimos

5 Me llamo Catuxa. Vivo aquí en Madrid, pero soy de Galicia, en el norte de España. Mi familia <u>viene</u> de Santiago de Compostela. De lunes a viernes me levanto temprano y <u>voy</u> al instituto. Por la tarde mis amigas y yo <u>vamos</u> a la plaza para charlar, pero a veces yo <u>voy</u> a casa de mi prima Ana o ella <u>viene</u> a mi casa.

En las vacaciones, también <u>vienen</u> mis tíos de Santiago a Madrid. Y a veces mis padres y yo <u>vamos</u> a Galicia para ver a mis abuelos. Ellos también viven allí. Sólo mi hermano Marco nunca <u>va</u> a Galicia. Él prefiere quedarse en Madrid. ¡Qué aburrido!

6 1. – ¿Vamos <u>al</u> cine mañana y después <u>al</u> restaurante «Tres Equis»? – No puedo. Mañana voy <u>a la</u> boda de mi primo.

2. – ¿Quién es la chica allí? – Es Luisa. Va <u>al</u> instituto con nosotros, es muy guapa, ¿no?

3. – ¿Vas <u>a la</u> fiesta de Mario el sábado <u>a las</u> ocho? – ¡No! No aguanto <u>a los</u> primos de Mario.

7 1. Por la mañana Luisa toma/bebe un vaso de leche. – 2. Después toma el autobús y va a la oficina. – 3. A veces ve a su jefa en el autobús. – 4. En la oficina escribe muchas cartas comerciales. – 5. También tiene que llamar a los clientes. – 6. Después del trabajo recoge a su hermano de la piscina. – 7. Por la noche ve una película en la tele. – 8. El fin de semana escribe e-mails a sus amigos.

8 1. **Luisa:** Mamá, ¿puedo ir a tu oficina el lunes a la hora de comer?
   Pepa: No hija, no puedes porque <u>vas a comer con la abuela.</u>

2. **Diego:** ¿Por qué empiezas tan temprano el martes?
   Pepa: ¿Por qué? ... Porque <u>voy a organizar la reunión de la oficina (yo sola).</u>

3. **Diego:** ¿Mamá, vamos al cine el miércoles a las ocho?
   Pepa: No puedo hijo, porque <u>Ana va a llegar de Madrid.</u>

4. **Luisa:** ¿Y qué hacemos el jueves?
   Pepa: <u>Vais a ir a la piscina con la tía Paula.</u>

5. **Diego:** Entonces el viernes nos quedamos en casa y vemos una película, ¿no?
   Pepa: No, porque <u>vamos a ir a la fiesta de Pedro.</u>

6. **Luisa:** Pero el fin de semana hacemos algo bonito sólo nosotros tres, ¿vale?
   Pepa: ¡Vale! <u>Vamos a comer</u> una pizza y después <u>vamos a ir</u> al cine, ¿de acuerdo?
   Diego: De acuerdo. ¡Y el domingo <u>nos vamos a levantar</u> muy tarde!

9 **a)**

1.
ha	
pon	**go**
sal	

2.
hac	
pon	**es**
sal	

3.
hac	
pon	**e**
sal	

4.
hac	
pon	**emos**

5.
	ís
sal	

6.
hac	
pon	**en**
sal	

b) 1. hacer: hacéis – 2. poner: ponéis – 3. salir: salimos

10 Elena: Hola Pedro, ¿qué <u>haces</u>?

Pedro: ¡Ya ves! ¡<u>Hago</u> mi trabajo! Y <u>pongo</u> los carteles con los nombres de los participantes para la reunión aquí en las mesas, ¿por qué?

Elena: ¿Cómo? ... ¿Qué carteles <u>pones</u> en las mesas? Aquí no es la reunión de los clientes. Es en la sala 3, pero no es importante. Carolina y yo <u>ponemos</u> los carteles allí y tú <u>haces</u> las otras fotocopias, ¿vale?

Pedro: Vale, vale, muy bien.

Elena: Oye, otra pregunta, ¿a qué hora <u>sales</u> hoy?

Pedro: No sé... a las siete, pienso. ¿Por qué?

Elena: Mira, Carolina <u>sale</u> a las cinco y media y yo <u>salgo</u> a las seis. Queremos ir a tomar algo al bar «Pepe». ¿Vienes con nosotras?

Pedro: No sé..., tal vez..., pero... ¿Por qué <u>salís</u> tan temprano?

Elena: Porque nosotras dos <u>tenemos</u> muchas horas extra.

Pedro: ¿Horas extra? ... Yo también <u>tengo</u> muchas horas extra. ¿Sabes qué? ... Entonces tú y yo <u>salimos</u> a las seis y vamos al «Pepe» juntos, ¿vale?

Elena: ¡Muy bien!

EVALUACIÓN 1

I. YA LO SÉ

1 **a)** cómo, de dónde, cuándo, qué, quiénes – **b)** Fragewörter

2 la foto – la mano – el problema – el día – el/la taxista

3 usted: 3. Person Singular – ustedes: 3. Person Plural

4 1. Madrid está en España. – 2. Madrid es la capital de España. – 3. ¿Dónde está Pablo? – 4. Pablo es un amigo de Miguel.
estar: bei Ortsangaben

5 ihr Vater (3. Person Singular), sein Vater (3. Person Singular), Ihr Vater (Höflichkeitsform, 3. Person Singular)

6

e → ie	o → ue	u → ue
tener – querer – pensar – empezar – cerrar – preferir	sonar – poder – volver – acostarse	jugar

7 **Musterlösung:** Adjektive werden in Numerus und Genus an das Nomen angeglichen.
Pluralbildung: una casa bon<u>ita</u> → dos cas<u>as</u> bonit<u>as</u> – el chico guap<u>o</u> → los chicos guap<u>os</u> – un chico alemán → unos chicos aleman<u>es</u>

8 levantarse (aufstehen), ducharse (duschen), quedarse (bleiben), acostarse (hier: ins Bett gehen)

9 1. No veo **a** Marco. ¿Dónde está? – 2. No veo tu coche. ¿Dónde está?

II. VERBOS IRREGULARES

	venir	ir	querer	poder	estar
[yo]	vengo	voy	quiero	puedo	estoy
[tú]	vienes	vas	quieres	puedes	estás
[él/ella/usted]	viene	va	quiere	puede	está
[nosotros/-as]	venimos	vamos	queremos	podemos	estamos
[vosotros/-as]	venís	vais	queréis	podéis	estáis
[ellos/ellas/ustedes]	vienen	van	quieren	pueden	están

III. *SER* Y *ESTAR*

1. El instituto no está lejos del centro. – 2. ¿Sois hermanos? – 3. La biblioteca es muy grande. – 4. Luis y Julia son de Madrid. – 5. ¿Estás en casa? – 6. Somos amigos.

IV. ADJETIVOS

	fantástica	grandes	españolas	bonito	ruidosos	elegantes	genial
unas chicas		✗	✗			✗	
un restaurante				✗			✗
una idea	✗						✗
unos bares		✗			✗	✗	
un barrio				✗			✗
una ciudad	✗						✗

V. CONOCIMIENTO GLOBAL

Mariana cuenta de su día a día:

Durante la semana me levanto a las siete y media. Después me ducho y desayuno galletas y café con leche. A las ocho y media salgo de casa y voy al instituto. Por la mañana mis clases empiezan a las nueve. A las doce del mediodía como en el comedor del instituto. A las cuatro voy a casa. Estudio un poco y después ceno con mi familia. Por la noche veo la tele, pero a veces voy a casa de un amigo. Me acuesto a las diez. Pero el fin de semana me acuesto más tarde.

1 En este momento Sara y Pablo <u>están saliendo</u> de sus clases. En la plaza del instituto buscan a Miguel, pero no lo ven. Es que hay mucha gente allí: Por ejemplo ven a Luisa, una chica de su clase que <u>está hablando</u> con un chico rubio. Carlos y Felipe, dos amigos, <u>están jugando</u> al fútbol, como siempre. Vero, una amiga de Carlos, <u>está escribiendo</u> un mensaje con su móvil y también hay tres chicos que <u>están leyendo</u> un libro... ¡así parece!

Por fin llega Miguel con un libro en las manos.

Miguel: Hola chicos, ¿qué <u>estáis haciendo</u>?

Sara: ¿Nosotros? Te <u>estamos buscando</u>, ¿no lo ves?

Pablo: ¿Tú con un libro? ¿Tú <u>estás leyendo</u> un libro?

Miguel: Ja, ja, Pablo... ¡qué gracioso! <u>Estoy estudiando</u> para un examen con María y Luisa.

Pablo: ¿Qué? ¿Vosotros <u>estáis estudiando</u>?

Miguel: Oye, Pablo... ¡basta ya! Esta tarde tenemos el examen y por eso estoy muy nervioso.

Sara: Pablo, ¡ya no más tonterías! y... ¡mucha suerte, Miguel!

2 hablar → hablando - venir → <u>viniendo</u> - beber → bebiendo - dormir → <u>durmiendo</u> - comer → comiendo - cerrar → cerrando - decir → <u>diciendo</u> - poner → poniendo - ir → <u>yendo</u>

3 1. No, no <u>nos</u> interesan los museos. – 2. Sí, <u>os</u> puedo recoger de la piscina. – 3. Mañana <u>le</u> escribo la carta. / <u>Le</u> voy a escribir la carta mañana. – 4. Sí, <u>te</u> voy a llamar a las ocho. – 5. Sí, ahora <u>les</u> mando las facturas.

4 **Ana:** A mí <u>me gusta</u> mucho ir al cine. ¿A vosotros también <u>os gusta</u>?

Mar: Bueno... más o menos. A nosotros también <u>nos gusta</u> ir al cine, pero siempre tenemos problemas con las películas. Es que a mí no <u>me gustan</u> las películas románticas, <u>me parecen</u> muy aburridas. Pero a Juan, mi novio, <u>le gustan/encantan</u>. Por eso siempre quiere ver películas románticas y yo no.

Ana: ¿Y qué películas <u>te gustan</u> a ti?

Mar: A mí <u>me gusta</u> mucho el cine de acción, <u>me parece</u> más divertido.

Ana: ¿Y a tus hermanos, también <u>les gustan</u> las películas de acción?

Mar: A mi hermano Paco sí <u>le gustan</u>, pero a mi hermana Laura no. Ella es como Juan y a ella <u>le gustan/encantan</u> las películas románticas.

5 1. ¿<u>Estos son</u> tus pantalones nuevos? – No, mis pantalones nuevos son esos que están allí. – 2. ¿<u>Esta es</u> la camiseta de tu primo? – No, la camiseta de mi primo es esa que está allí. – 3. ¿<u>Este es</u> el abrigo de tu padre? – Sí, es este / este es. – 4. ¿<u>Estas son</u> las zapatillas de tu hermana? – No, las zapatillas de mi hermana son esas que están allí. – 5. ¿<u>Este es</u> el vestido de Lidia? – No, el vestido de Lidia es ese que está allí. – 6. ¿<u>Estos son</u> los vaqueros de Felipe? – Sí, son estos / estos son. – 7. ¿<u>Esta es</u> la blusa de Marta? – Sí, es esta / esta es. – 8. ¿<u>Este es</u> tu chándal? – No, mi chándal es ese que está allí. – 9. ¿<u>Estas son</u> las gorras de tus hermanos? –

No, las gorras de mis hermanos son esas que están allí. – 10. ¿Esta es mi ropa? – Sí, es esta / esta es.

6 Maite: ¿Qué color prefieres? ¿El rojo o el verde?
Juan: Yo prefiero el rojo.
Maite: ¿Y qué blusa te gusta más: la roja o la verde?
Juan: A mí me gusta más la roja.
Maite: Pero... ¿cuál es más bonita?
Juan: La roja... Yo digo que la roja es más bonita.
Maite: ¿Y cuál es más barata?

Juan: La verde es más barata.
Maite: Pero a ti la verde no te gusta.
Juan: ¡Pero y qué más da! ¿Cuál es tu color favorito, el verde o el rojo?
Maite: ¿Qué color prefiero yo? Hm..., el azul.
Juan: ¡Chica! ...

7 1. es – 2. está – 3. están – 4. es – 5. estás – 6. Es – 7. está – 8. es/es – 9. es – 10. está

UNIDAD 5 EN MADRID

1 1. Si tienes tiempo, podemos ir al cine esta noche. – 2. Sólo puedo ir al cine si no tengo que recoger a mi hermano. – 3. Si me compras este libro, lo voy a leer. – 4. Si te interesa el arte, podemos ir al museo. – 5. Si voy a España en (el) verano, sólo voy a hablar español.

2 **Musterlösung:** 1. ¿Dónde puedo comprar tomates? – 2. ¿Me comprendes? – 3. ¿Me puedes preparar una hamburguesa? – 4. ¿Os conozco? – 5. ¿Estás buscando tus gafas? – 6. ¿Tienes tu libro de inglés? – 7. ¿Ana te va a llamar?

3 1. primera, segunda, tercera – 2. quinto, tercer, cuarto, séptimo, sexto, séptimo

4 Ahora Enrique vive en un piso compartido con dos chicos: Paula y Alberto. La habitación de Enrique es más pequeña que las otras habitaciones. La de Paula es tan grande como la de Alberto. El piso está en una calle muy grande, pero para los chicos esto no es problema. Las calles grandes son más ruidosas que las calles pequeñas, pero a los chicos les encanta vivir aquí porque el ambiente es más alternativo y más divertido. Además los pisos allí son menos caros y están menos lejos del centro. Enrique trabaja en una oficina en el centro y para él vivir cerca del trabajo es mejor porque así puede levantarse más tarde. El único problema es que la jefa nueva de Enrique vive al lado de su piso. Ella no es tan simpática como su otra jefa. Así que Enrique no sabe qué es peor: trabajar con ella o vivir a su lado.

5 **Musterlösung:** 1. El mercado El Rastro es el más grande de Madrid. – 2. El parque del Buen Retiro es el más tranquilo de Madrid. – 3. Los pintores del Museo del Prado son los más famosos de Madrid. – 4. El ambiente en la Plaza Mayor es el mejor de Madrid. – 5. La ropa en la Calle del Arenal es la más moderna de Madrid. – 6. Las discotecas de Malasaña son las más alternativas de Madrid. – 7. La Estación de Atocha es la más bonita de Madrid.

6 1. grandísima – 2. guapísimo – 3. facilísima – 4. riquísimo – 5. simpatiquísimos –
6. baratísimas – 7. carísimos

7 La naranja está delante del vaso de zumo de naranja. A la derecha del vaso hay una manzana.
Al lado de / A la derecha de las frutas hay un plato. En el plato hay un cuchillo, un cruasán y
mermelada. Debajo de todo hay una servilleta. La mermelada está entre el cuchillo y el cruasán. Detrás del plato hay un periódico y encima del periódico hay una taza de café.

8 tanto: ruido, trabajo   tantos: barrios, turistas, problemas
tanta: gente, música   tantas: turistas, tiendas, fotos

UNIDAD 6 ¡BIENVENIDOS A MÉXICO!

1 «Maná» es un grupo mexicano de rock en español. Nació en 1985 y desde hace unos años es
uno de los grupos más famosos de México.
Los primeros miembros del grupo fueron el cantante Fernando Olvera y los hermanos Ulises,
Abraham y Juán Diego Calleros. Pero desde 1987, Alex González, un músico de origen cubano-
colombiano, es también parte del grupo. Desde entonces Maná graba discos y da conciertos en
todo el mundo.
Hace dos años dieron uno de los conciertos más grandes de toda su historia en la Ciudad de
México. Hace pocos meses grabaron su último disco: «Drama y Luz».
Desde hace más de 25 años Maná es uno de los mejores ejemplos del rock en español.

2 Hola Lorena:
Estoy en México y es ¡una pasada!
Hace tres días visitaste/**visité**/visito a mis ex compañeros de curso. Ellos me pregunté/
preguntasteis/**preguntaron** sobre mi vida en España. Por la tarde mis amigos Esteban y
Alberto me visité/visitó/**visitaron** a mí. Nosotros tres comiste/comemos/**comimos** tacos y
bebemos/**bebimos**/bebisteis un agua fresca de limón. Por la noche mi abuela me conté/
contó/cuenta muchas cosas de la familia.
Hace dos días, el viernes, mis primos y yo **salimos**/salisteis/salieron con unos amigos. En una
discoteca bailaste/**bailamos**/bailó toda la noche.
Ayer me levanto/levantó/**levanté** tarde y paso/pasé/pasó todo el día en el sofá, frente a la
tele.
Y tú, ¿qué onda? (Así dicen aquí en México para preguntar «¿Cómo estás?») :-)
Saludos
Enrique

3 a)

Crossword solution (horizontal):

1► BUSCARON
2► LLEGASTE
3► BUSCASTE
4► LEÍSTE
5► LLEGASTEIS
6► LEÍ
7► EMPEZÓ
8► EMPEZARON
9► LEÍSTEIS

Vertical:

1 LLEGÓ
2 BUSCASTE
3 LEYERON
4 LLEGÓ
5 BUSCÓ
6 BUSQUÉ
7 EMPIZA...
8 ÉLIMOS
9 LLEGÓ
10 EMPECÉ

b) llegar: llegamos, llegaron – empezar: empezaste, empezasteis – buscar: buscó – leer: ø

4

Musterlösung: 1. ¿Qué hicisteis ayer? – 2. ¿Pudiste ir al cine el sábado? – 3. ¿Qué le dijo Sara a Juan? – 4. ¿Invitaron a Julia a la fiesta? – 5. ¿Dormiste bien anoche?

5

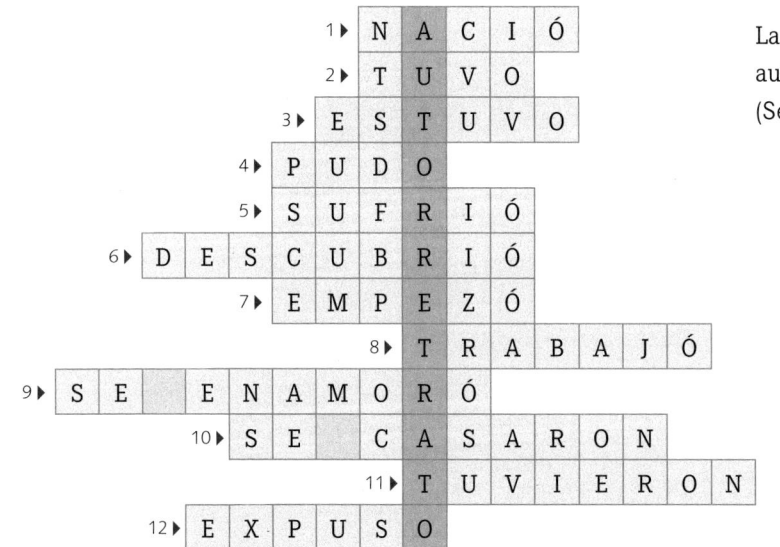

1► NACIÓ
2► TUVO
3► ESTUVO
4► PUDO
5► SUFRIÓ
6► DESCUBRIÓ
7► EMPEZÓ
8► TRABAJÓ
9► SE ENAMORÓ
10► SE CASARON
11► TUVIERON
12► EXPUSO

La palabra clave es: autorretrato (Selbstporträt)

6

		ser	ir
1. Las chicas <u>fueron</u> muy buenas amigas en el colegio, pero ahora ya no.		☒	☐
2. La fiesta de mi primo Juan <u>fue</u> la semana pasada.		☒	☐
3. No pude visitar la última exposición de Frida Kahlo. ¿Vosotras <u>fuisteis</u>?		☐	☒
4. Ayer yo <u>fui</u> el primero que terminó el examen.		☒	☐
5. Tú <u>fuiste</u> al cine hace dos días, ¿no?		☐	☒
6. Hace un año vosotros <u>fuisteis</u> compañeros de clase, ¿verdad?		☒	☐
7. El verano pasado mi hermano y yo <u>fuimos</u> a casa de mis abuelos.		☐	☒

7 **Musterlösung:** 1. Lucía llegó a la cafetería del instituto. – 2. Abrió la puerta y entró. – 3. En la cafetería vio a Lorenzo con otra chica. – 4. La chica le dio un beso a Lorenzo. – 5. Lorenzo se puso nervioso. – 6. Lucía se enfadó. – 7. Fue a la mesa y les gritó. – 8. Después Lucía salió de la cafetería.

8 <u>Aunque</u> hasta el año 600 los mayas dominaron la Península de Yucatán y sus alrededores, fueron los aztecas los que, en el año 1325, fundaron Tenochtitlan, una ciudad muy grande en el lugar <u>donde</u> hoy está Ciudad de México.
Cerca de la Ciudad de México está Teotihuacan, otro lugar muy interesante. Allí está la Pirámide del Sol que tiene una altura de 64 metros. Para construirla trabajaron allí aproximadamente 2000 personas sin pausa, sin embargo necesitaron unos 20 años para terminar la pirámide.
<u>Cuando</u> llegaron los españoles, encontraron una cultura muy fuerte y con muchos conocimientos, <u>sin embargo</u> los españoles lucharon contra ellos y los conquistaron.
<u>Aunque</u> desde entonces el español es la lengua más fuerte de la región, todavía hoy hay muchas personas que hablan otras lenguas de origen maya o azteca. También en español hay muchas palabras de origen Náhuatl (la lengua azteca) <u>ya que</u> los españoles las integraron a su lengua.

EVALUACIÓN 2

I. YA LO SÉ

1 hablar → hablando - decir → <u>diciendo</u> - venir → <u>viniendo</u> - leer → <u>leyendo</u> - contar → contando - poder → <u>pudiendo</u> - dormir → <u>durmiendo</u> - dar → dando - creer → <u>creyendo</u> - pensar → pensando - comer → comiendo - ir → <u>yendo</u> - escribir → escribiendo - repetir → <u>repitiendo</u> - beber → bebiendo

2 **a)** Le escriben una carta. – Sie schreiben ihm/ihr/Ihnen einen Brief.
b) Les cuentan muchas cosas. – Sie erzählen ihnen/Ihnen viele Dinge.

3 encantar

4

in der Nähe des Sprechers	in der Nähe des Zuhörers
esta camiseta – este vestido – estas faldas	esas blusas – ese abrigo – esos pantalones

5

nur direktes Objektpronomen	nur indirektes Objektpronomen	beides
lo – las – la – los	les – le	me – os – nos – te

6

e → i	o → ue	c → zc
repetir – reírse – seguir	probarse – costar – contar – dormir	parecer – conocer – reconocer

7 bueno/-a – malo/-a

8 1. Das Gute am Sport ist … – 2. Das Interessanteste an diesem Buch ist …

II. *SER* Y *ESTAR*

1. Juan está nervioso porque tiene una reunión con su jefe. – 2. El centro de Madrid es muy moderno. – 3. El coche es bonito, pero muy caro. – 4. Julia es muy simpática. – 5. La botella está vacía. – 6. Hoy Carmen está triste.

III. CONJUNCIONES

1. Juan no me habló **ya que** / **cuando** / **donde** nos vimos en la cafetería. – 2. Tengo que estudiar **cuando** / **porque** / **aunque** tengo un examen mañana. – 3. Mallorca es bastante turística, **aunque** / **sin embargo** / **como** vale la pena ir. – 4. **Cuando** / **Sin embargo** / **Donde** volvimos a casa, vimos una película en la tele. – 5. Me encanta esquiar, **ya que** / **como** / **aunque** a veces tengo miedo. – 6. **Como** / **Aunque** / **Donde** no le gusta nadar, no va mucho a la playa. – 7. Ayer me acosté temprano, **ya que** / **como** / **sin embargo** no pude dormir bien. – 8. No habla inglés **y** / **pero** / **aunque** aprende alemán. – 9. Me encantan las películas, **como** / **pero** / **por eso** voy mucho al cine. – 10. Siempre viajo a América Latina **aunque** / **ya que** / **pero** me encanta hablar español.

IV. EL PRETÉRITO INDEFINIDO

	ser	poder	decir	llegar	dormir
[yo]	fui	pude	dije	llegué	dormí
[tú]	fuiste	pudiste	dijiste	llegaste	dormiste
[él/ella/usted]	fue	pudo	dijo	llegó	durmió
[nosotros/-as]	fuimos	pudimos	dijimos	llegamos	dormimos
[vosotros/-as]	fuisteis	pudisteis	dijisteis	llegasteis	dormisteis
[ellos/ellas/ustedes]	fueron	pudieron	dijeron	llegaron	durmieron

V. CONOCIMIENTO GLOBAL

La historia del inca Atahualpa

Esta es la historia de Atahualpa, el último jefe del imperio inca. Atahualpa nació en el año 1500 y fue hijo de Huayna Capac. Tuvo un hermano: Huáscar. En 1527 murió el padre de Atahualpa y Huáscar. Después los dos hermanos tuvieron muchos problemas. Atahualpa luchó contra Huáscar y después fue el jefe de todo el imperio.

Entonces, en 1532, llegaron los españoles: Francisco Pizarro y sus tropas. Ellos lucharon contra Atahualpa y sus hombres. Atahualpa visitó a los españoles para hablar con ellos. Sin embargo, Francisco Pizarro conquistó a Atahualpa y así empezó el final del imperio inca.

UNIDAD 7   ¿A QUÉ TE QUIERES DEDICAR?

1 1. Carlos no comprende lo que explica el profesor. – 2. A Carla no siempre le gusta lo que dice Ernesto. – 3. A la amiga de Carmen le parece muy bien lo que hace Carmen. – 4. Ana no escuchó lo que dijo Sara.

2 1. ¿Me puedes ayudar con los deberes? / ¿Puedes ayudarme con los deberes? – 2. Laura se está quejando otra vez. / Laura está quejándose otra vez. – 3. Sus padres le regalaron una bicicleta. – 4. No los queréis hacer, ¿verdad? / No queréis hacerlos, ¿verdad? – 5. La vimos la semana pasada. – 6. Miguel se está duchando todavía. / Miguel está duchándose todavía.

3 **a)** 1. No, no tengo ninguno. – 2. No, todavía no tiene ninguna. – 3. No, no tengo ninguno. – 4. No, no conozco a ninguno. – 5. No, no tengo ninguna. – 6. No, no hay ninguna.

b)

	coches	personas	libro	fotos	canción	problema
algún			✗			✗
algunos	✗					
alguna					✗	
algunas		✗		✗		
ningún			✗			✗
ninguna					✗	

4 1. No, no conozco a nadie. – 2. No, no sé nada de él. – 3. No, no tengo nunca malas notas. – 4. No estoy haciendo nada. – 5. No, no vemos a nadie. – 6. No, no comprendo nada. – 7. No se casaron nunca.

5 **a)** 1. sabe – 2. puede – 3. sabes, sé – 4. Puedes – 5. sabe – 6. saben
b) 1. ¿Sabes tocar el piano? – 2. No puedo abrir la puerta.

6 1. – ¿Son para mí? – ¡No!... son para ella. – 2. – ¿Quieres ir conmigo al concierto? – ¡Lo siento! No puedo ir contigo, porque voy a ir con él. Él es mi novio, ¿sabes? – 3. Todos los días pienso en ti. No puedo vivir sin ti. – 4. Para ti es fácil, pero para mí es bastante difícil. – 5. – Es de él. – No es verdad, es de ella.

7

```
        1↓          2↓
1▶  V   E   T   E              3↓
    E       S              T
    N      2▶ C  O  M  E   E
            R              N
       3▶ D  I             4↓
       5↓   B        4▶ H  A  Z
    5▶ P  I  E  N  S  A
       O             6↓  B
       N         6▶ S  A  L
                    É      A
```

8 1. ¡Dales tu libro de inglés! – 2. ¡Recógela del instituto! – 3. ¡Levantaos ya! – 4. ¡Ayudadnos con la cena! – 5. ¡Búscalas! – 6. ¡Llámala! – 7. ¡Pagadlo!

9 1. Durante la semana se trabaja mucho. – 2. Por la mañana uno/se va a la oficina. – 3. Se/Uno come a las dos. – 4. En la empresa se hablan muchos idiomas. – 5. No se pagan las prácticas. – 6. El fin de semana uno se levanta más tarde.

10 Marta: Oye Rubén. Yo así no quiero vivir más contigo. Tú nunca haces nada en este piso y yo siempre tengo que hacer todas las cosas aquí.

Rubén: ¿Pero de qué hablas? Yo siempre tengo que hacer todo el trabajo.

Marta: ¿Tú? ... ¿Qué dices, chico?, ¡por favor! Yo siempre tengo que limpiar todo el piso, ordenar toda la cocina y fregar todos los platos.

Rubén: Mira Marta, primero que todo, nosotros tenemos un lavaplatos. Además la ropa: todos los días soy yo quien ordena toda la ropa en la habitación. Y todas las semanas soy yo quien limpia todo el baño y toda la terraza.

Marta: ¡Por favor! Tú no haces nada. La que limpia todo el piso siempre soy yo. ¡Y ahora me voy a vivir con mi amiga Lorena!

11 Hola, soy Andrés, estudio 4° de ESO en el Instituto Lope de Vaga. Es un buen instituto. En inglés y en matemáticas tengo profesores muy buenos. En estas asignaturas nunca saco malas notas. Pero en el último boletín tuve una mala nota en lengua. Entonces estuve de mal humor, claro. Es que no me gusta nada lengua. Pero para el próximo examen, voy a estudiar con una amiga (ella es muy <u>buena</u> en lengua y además es muy guapa ☺). Vivo en un piso bastante <u>grande</u> en el centro de Madrid. Madrid es una <u>gran</u> ciudad, ¡me encanta vivir aquí!

12 1. Julia está haciendo sus deberes para mañana. – 2. ¿Vas a pasar por mi casa esta noche? – 3. Gracias por tu postal de México. – 4. Te mando un mensaje por móvil. – 5. Ayer compré este cedé para ti. – 6. ¿Cuánto (dinero) quieres por este libro? – 7. Francisco va a Berlín para estudiar.

UNIDAD 8 LA ESPAÑA VERDE

1 trabajo → trabajaba - pongo → ponía - salimos → salíamos - vivís → vivíais - ve → veía - es → era - somos → éramos - duermen → dormían - vas → ibas

2 Cuando <u>éramos</u> niños mis primos y yo <u>hacíamos</u> muchas cosas juntos. Ellos y yo <u>íbamos</u> juntos a la escuela y en el tiempo libre <u>jugábamos</u> al fútbol o <u>veíamos</u> la tele en mi casa o en casa de mis primos.
Es esos años nosotros <u>vivíamos</u> muy cerca de la casa de mis primos. A veces mi tía Carmen <u>preparaba</u> la comida para toda la familia. Entonces mis padres y mis hermanos mayores también <u>iban</u> a casa de mi tía y todos nosotros <u>comíamos</u> allí.
Mi tío Pepe <u>trabajaba</u> para la tele y <u>conocía</u> a muchas personas famosas. Entonces durante la comida nos <u>contaba</u> muchas historias divertidas. Después mi tía y mi madre <u>se iban</u> a la terraza y <u>hablaban</u> toda la noche.
Generalmente mi padre y mis hermanos <u>volvían</u> a casa después de comer, pero yo <u>esperaba</u> a mi mamá.
A veces, como <u>era</u> tarde, <u>me quedaba / nos quedábamos</u> en casa de mi tía y <u>dormía/dormíamos</u> allí. ¡<u>Eran</u> unos años maravillosos!

3 Después de ver a Lorenzo, su novio, con otra chica, Lucía <u>estaba</u> triste y <u>pensaba</u> todo el tiempo en él. <u>Eran</u> las cuatro de la tarde. Ella <u>estaba</u> en casa y <u>esperaba</u> frente al teléfono, pero Lorenzo no <u>llamaba</u>. Por suerte <u>estaba</u> sola porque no <u>quería</u> hablar con nadie, bueno... sólo con Lorenzo. Afuera <u>hacía</u> frío y <u>llovía</u>. Lucía no <u>sabía</u> qué hacer: no <u>tenía</u> ganas de nada.
De repente <u>sonó</u> el teléfono. Lucía <u>contestó</u> rápidamente. Pero no la <u>llamó</u> Lorenzo, sino sólo su madre. Lucía <u>habló</u> unos minutos con ella, pero <u>terminó</u> rápidamente. En ese momento <u>escuchó</u> el timbre de la puerta. <u>Abrió</u> la puerta y <u>vio</u> a Lorenzo. Él <u>entró</u> y le <u>dijo</u>: «Tenemos que hablar, Lucía.»
Entonces Lorenzo le <u>explicó</u> todo a Lucía: La chica que <u>estaba</u> con él <u>era</u> su prima Verónica. Ella <u>vivía</u> en otra ciudad pero <u>tenía</u> una entrevista aquí para unas prácticas. Verónica <u>quería</u> ver a su primo. Por eso, a las once de la mañana ella <u>llamó</u> a Lorenzo y <u>quedó</u> con él en la cafetería. Cuando los dos <u>llegaron</u> a la cafetería, de repente <u>entró</u> Lucía y los <u>vio</u>.
En ese momento Lucía <u>comprendió</u> la situación y <u>se puso</u> muy feliz.

4 1. Pablo **estuvo/estaba** en la biblioteca cuando **recibió/recibía** un mensaje de Marta. –
2. Mientras **leyó/leía** el mensaje, **llegó/llegaba** Marta y le **dijo/decía**: «Te estoy buscando desde hace una hora». – 3. Cuando Pablo **vio/veía** a Marta, **se puso / se ponía** muy contento. –
4. Pablo le **contestó/contestaba** que mientras ella lo **buscó/buscaba**, él **leyó/leía** un libro allí
en la biblioteca. – 5. Mientras los chicos **hablaron/hablaban**, de repente **sonó/sonaba** el móvil de Marta. – 6. **Fue/Era** Lupe, otra amiga. – 7. Lupe **llamó/llamaba** porque **quiso/quería** tomar un café con sus amigos por la tarde. – 8. Pablo y Marta **conocieron/conocían** una cafetería muy bonito cerca de la biblioteca y **quedaron/quedaban** allí con Lupe. – 9. Mientras los
tres **tomaron/tomaban** un café, **charlaron/charlaban** y **se rieron / se reían** mucho.

5 **Musterlösung:** fácil → fácilmente – probable → probablemente – normal → normalmente –
tranquilo → tranquilamente – solo → solamente – rápido → rápidamente – real → realmente
1. Normalmente – 2. tranquilamente – 3. probablemente – 4. rápidamente – 5. realmente

UNIDAD 9 COMPROMISO SOCIAL

1 **Musterlösung:** 1. Paula Contreras, una actriz gallega, dice que quiere ser una buena madre
para su hijo. – 2. Gustavito, un futbolista ecuatoriano, cree que van a ganar la próxima Copa
Mundial de Fútbol. – 3. Maritza Chaparro, una azafata colombiana, piensa que hoy en día los
clientes de su empresa no son como antes y que su profesión cada día es más peligrosa. –
4. Imelda Solarte, una diseñadora de zapatos, explica que para ella no es sólo un trabajo, es
una afición. Dice que no le interesa diseñar ropa, que quiere hacer arte. – 5. Santos Martínez,
un taxista costarricense, cuenta que con tanto atasco en la ciudad no pueden trabajar y que
va a cambiar de profesión o que se va a otro país. Dice que le da igual. – 6. Alejandro-Alejandro, un artista catalán, cuenta que lo que quiere en su vida es cantar. Dice que no le gusta,
pero que es lo único que sabe hacer bien.

2 1. Quiero ir al cine. – 2. ¿Dónde es la fiesta? – 3. Mi hermano cocina muy bien. – 4. Sé hablar
alemán porque viví en Berlín. – 5. ¿Queréis ir al evento conmigo? – 6. Antes nunca leía libros
pero ahora me gusta mucho.

3 a)

		H	A	N
	H	A		
		B		
		É		
	H		I	
H	E	M	O	S

b) has

4

Crossword — filled answers (all past participles):

Across:
1. PASADO
2. ESCRITO
3. PUESTO
4. ESTADO
5. IDO
6. HECHO
7. LEÍDO

Down:
1. ABIERTO
2. COGIDO
3. COMIDO
4. VUELTO
5. VIVIDO
6. TENIDO
7. DICHO

```
            1↓          2↓
1▶ P  A  S  A  D  O        C
          B            C  O         3↓
          I            G            C
       4↓     2▶ E  S  C  R  I  T  O
       V         R     5↓  D        M
       U     6↓  T      V      O    I
3▶ P  U  E  S  T  O     I        7↓ D
       L     E  4▶ E  S  T  A  D  O
       T     N      T        I
5▶ I  D  O      I      O        C
       D               H
6▶ H  E  C  H  O  7▶ L  E  Í  D  O
```

5 Musterlösung: 1. ¿(Ya) Has hecho tus deberes? – 2. ¿Habéis visto a Pablo? – 3. ¿Han leído los textos? – 4. ¿Cuántas veces ha ido de vacaciones este año? – 5. ¿A qué hora te has levantado esta mañana? – 6. ¿Has estado en España alguna vez? – 7. ¿Ya habéis trabajado como voluntarios alguna vez?

6

Carlos: No sé qué está pasando conmigo. Esta mañana me he levantado demasiado tarde otra vez y he tenido que correr para coger el autobús. Es que he dormido muy mal y entonces he estado muy cansado toda la mañana. ¡Ya es la tercera noche en una semana que me pasa eso!

Merche: ¿Oye, no crees que es por el examen de mañana? El martes pasado, antes del examen de mates, tampoco pudiste dormir bien y llegaste tarde a clases. Y antes del examen de inglés también pasó eso.

Carlos: Tal vez tienes razón. ¿Por qué me pongo siempre tan nervioso? Menos mal que pronto llegan las vacaciones. ¿Ya te lo he contado? ¡Vamos a viajar a México!

Merche: ¿En serio? ¡Wow! Yo nunca he estado en América Latina. ¡Pero me gustaría mucho ir! Tú ya has viajado a México alguna vez, ¿verdad?

Carlos: Sí, hace tres años fui a Chihuahua. Es que tenemos familia ahí. Jolines, ¿por qué no puedo irme ahora, sin escribir ese examen?

Merche: Tranquilo, chico. Al final siempre sacas una buena nota, ¿no?

7 1. Se los voy a dar. / Voy a dárselos. – 2. Te las mando por e-mail. – 3. ¿Se la quieres contar? / ¿Quieres contársela? – 4. Todavía no me lo has preguntado. – 5. ¡Dáselas! – 6. ¿Se los puedes mandar? / ¿Puedes mandárselos? – 7. Tía Marina os la compró. – 8. ¿Nos lo vas a comprar? /

¿Vas a comprárnoslo? – 9. ¡Díselo! – 10. ¿Me lo puedes explicar? / ¿Puedes explicármelo? – 11. ¿Ya se lo has dicho? – 12. Os la voy a contar. / Voy a contárosla.

8 Carolina: ¡Me encanta este piso! Es tan grande y tan claro. ¿Qué te parce si pintamos el salón de color rojo y la mesa la pintamos de color blanco y la ponemos aquí al lado de la terraza?

Marcela: Pues…, no sé si es buena idea. Es que el pasillo es un poco pequeño y los zapatos los tenemos que poner allí. Entonces es mejor dejar el salón blanco.

Carolina: Pero los zapatos los podemos poner en nuestras habitaciones.

Marcela: Y el armario lo tenemos que poner aquí, al lado del salón. Pero el rojo no le va muy bien.

Carolina: Pero es que yo, el espejo lo quiero poner al lado de la puerta. Las chaquetas las podemos poner allí también y así está todo junto.

Marcela: Es que no sé… pero mira, otra pregunta. ¿La cama dónde la vas a poner? ¿A la derecha o a la izquierda de la puerta?

Carolina: A la izquierda. Y el escritorio lo quiero al lado de la ventana. Así el ordenador portátil lo puedo poner allí porque hay más luz.

Marcela: Y yo, la radio la voy a poner aquí en el salón para escuchar siempre música.

Carolina: Pero entonces… ¿pintamos el salón de rojo?

Marcela: Ay chica…

9 1. Roberto y Marisol llevan dos años saliendo juntos. – 2. Roberto y Marisol siguen yendo mucho al cine. – 3. Marisol sigue estudiando pintura los fines de semana. – 4. Marisol va aprendiendo cada vez más cosas sobre pintura. – 5. Marisol y Roberto llevan seis meses viviendo juntos. – 6. Marisol y Roberto siguen hablando mucho.

10 1. Después de conocer a una chica de Bolivia, Felix fue al pueblo de Guamote. – 2. Felix decidió hacer este viaje para trabajar como voluntario en un colegio. – 3. Por ya saber hablar español Felix pensó que la aventura no iba a ser difícil. – 4. Al subir al avión, Felix conoció a una señora que tenía miedo de volar. – 5. Antes de llegar a Guamote, Felix estuvo en Quito. – 6. Al llegar al colegio, una persona le dio un beso. Era la misma señora del avión.

EVALUACIÓN 3

I. YA LO SÉ

1 1. ¿Nos las mandas? – 2. ¡Explícaselo!

2 Satz 2

3 1. Lucía sabe hablar francés. – 2. ¿Puedes jugar al tenis conmigo esta tarde? – 3. Yo no sé cocinar y no lo quiero aprender. – 4. Pedro no puede nadar porque está enfermo.

4 primero → primer – tercero → tercer – alguno → algún – ninguno → ningún

5 1. El libro que me diste me parece muy aburrido. – 2. Ana no comprende lo que dice el profesor. – 3. Me parece muy interesante lo que me cuentas. – 4. Tengo un amigo que estudia en Madrid.

6 Infinitiv

7 1. Luis es un buen amigo. – 2. Hoy es un mal día. – 3. (Este) Es un gran libro. – 4. Tiene un coche grande.

8

el pretérito indefinido	el pretérito imperfecto	el pretérito perfecto
ayer – hace tres semanas – en 2008 – el martes pasado – de repente	antes – en aquellos años – mientras	hoy – esta tarde – hasta ahora – alguna vez – en mi vida

9 1. serio/-a → seriamente – 2. normal → normalmente – 3. real → realmente – 4. último/-a → últimamente

10 1. No quiere comer nada. – 2. No conoce a nadie aquí. – 3. No trabaja nunca. – 4. No tiene ningún amigo.

II. PREPOSICIONES

Musterlösung

verbo	1	2
ser	de	Madrid
vivir	en	Madrid
navegar	en	internet
empezar	a	leer
pensar	en	alguien
cambiar	de	tema
volver	a	tu casa
disponer	de	tiempo
ir	de	compras
tener ganas	de	leer

verbo	1	2
pasar	por	tu casa
llamar	a	alguien
llevarse bien	con	alguien
enamorarse	de	ti
estar	de	moda
quedarse	en	Madrid
luchar	por	algo
estar de acuerdo	con	-tigo
quejarse	de	algo
visitar	a	alguien

III. ACENTOS

Esta tarde estamos todos en casa. Mi padre y mi hermana Claudia están viendo la tele. Mi madre está contándole a mi abuela cosas de su trabajo. Mi hermana Elena está preparándonos la cena y yo estoy estudiando con mi primo Julio. Tengo que explicarle algunas cosas de matemáticas porque él no las comprende muy bien. A mí no me importa ayudarlo, pero el problema es que mi primo no está escuchándome porque quiere ver la tele con mi padre y mi hermana.

IV. LOS TIEMPOS VERBALES

1. viví – 2. había – 3. he hecho – 4. Has estado – 5. ayudó – 6. era/éramos – 7. he levantado – 8. jugábamos/cambió – 9. salió/empezó – 10. fuimos/tomamos

V. CONOCIMIENTO GLOBAL

Alejandro Sanz

El famoso cantante español, Alejandro Sanz, nació en Madrid, el 18 de diciembre de 1968. Hasta ahora ha hecho doce álbumes y además ha ganado dos Grammys. En 2004, recibió el primer Grammy por su álbum «No es lo mismo».

En toda su carrera, ha cantado con muchos artistas amigos. Por ejemplo, en 2008, estuvo en Colombia, donde cantó en un concierto con Shakira y otros artistas.

Desde 1999 hasta 2004, Sanz vivió con su mujer Jaydy Michel. Los dos se separaron en diciembre de 2004. Sanz ha aprendido dos idiomas. El inglés lo estudió en la universidad y el francés, en clases privadas.

UNIDAD 10   EL MEDIO AMBIENTE

1

indicativo	subjuntivo	indicativo	subjuntivo
bebo	beba	hablo, habla	hable
escribimos	escribamos	escribís	escribáis
hablas	hables	hablamos	hablemos
escribes	escribas	beben	beban
bebéis	bebáis	bebes	bebas
hablan	hablen	escribo, escribe	escriba
bebe	beba	habláis	habléis

2

Crossword solution:

Across:
- 1► COJÁIS
- 2► SIGAMOS
- 3► (7►) ORGANICE
- 4► SEPAS
- 5► JUEGUE
- 6► VENGAS
- 7► DUERMA
- 8► EXPLIQUE
- 9► SIENTAS
- 10► HAGAMOS
- 11► VENGÁIS

Down:
- 1 DIPUEDA
- 2 COOONC... COJ...
- 3 ORGANICE (vertical: O R G A N Z C T...)
- 4 CEOONTMOONGA
- S SIGAMOS
- 5 BSQE...
- 6 SEPAÁISLAIISEA
- 9 PDDAN
- 11 PON GAN

3 2. La novia le dice que vaya al cine con ella. – 3. La madre prefiere que sea veterinario/peluquero. – 4. Los amigos esperan que juegue al fútbol con ellos el sábado. – 5. La hermana necesita que la ayude con los deberes de inglés. – 6. El profe quiere que estudie más para el examen de física. – 7. Paula le pide que le lleve el libro de matemáticas. – 8. El padre le recomienda que haga unas prácticas en su oficina.

4 1. A los padres de Enrique les molesta mucho que Enrique tenga dos asignaturas pendientes. – 2. A los chicos del equipo no les importa que Carlos y Víctor no jueguen muy bien. – 3. A Clara le sorprende mucho que Julia (con sólo cinco años) ya sea buenísima en matemáticas. – 4. La madre de Marisol tiene mucho miedo de que Marisol vaya de excursión a una selva tropical. – 5. Verónica está triste de que Eduardo esté haciendo unas prácticas en otra ciudad. – 6. Me alegro mucho de que mis padres me vayan a visitar esta tarde. – 7. A las compañeras de piso de Carolina no les gusta nada que Carolina busque un piso nuevo. – 8. El hermano de Marco está contento de que Marco conozca a mucha gente en el colegio.

5 Musterlösung: Es increíble que Suiza sea el país que más basura recicla en el mundo. – Es bueno que haya bombillas fluorescentes ya que necesitan menos electricidad. – No me parece necesario que una persona gaste 150 litros de aqua en la bañera porque es mucho más ecológico ducharse. – Me parece genial que la Unión Europea use más energías renovables ya que es mejor para el medio ambiente. – Es importante que los países hagan más campañas de reciclaje para informar a la gente. – Me parece triste que las personas compren poca comida ecológica pero por suerte la cifra está creciendo más y más. – Es increíble que una bolsa de plástico tarde 400 años en descomponerse, por eso es mejor no usarlas.

6 Musterlösung: 1. Es importante que estudies más para tener buenas notas. – 2. Te recomiendo que hables con él. – 3. Me parece necesario que ayudéis más en el piso. – 4. No quiero que gastéis tanto dinero en el móvil. – 5. Te recomiendo que busques otro trabajo. – 6. Es importante que duermas más.

7 Nuria: ¡Hola Alfredo!, ¿qué estás leyendo?

Alfredo: Un folleto sobre «Comercio Justo». ¿No te parece fantástico que ellos <u>ayuden</u> tanto a los productores más pequeños?

Nuria: Ummm... vale, sí. Pero a veces creo que no <u>son</u> tan justos como parecen. Además pienso que los productos de «Comercio Justo» <u>cuestan</u> demasiado.

Alfredo: ¿Pero qué dices? Es verdad que los productos <u>son</u> más caros, pero con ese dinero ellos <u>apoyan</u> a los productores y así es posible que los productores y sus familias <u>puedan</u> tener una vida mejor. Además está claro que ellos <u>fomentan</u> la agricultura ecológica y por eso me parece bien que nosotros <u>paguemos</u> un poco más.

Nuria: ¿Agricultura ecológica? No creo que <u>sea</u> muy ecológica, porque ellos también utilizan pesticidas para sus productos.

Alfredo: Oye Nuria, ¡me molesta tanto que <u>hables</u> de cosas que no <u>conoces</u>! Aquí en el folleto explican muy bien que en «Comercio Justo» están prohibidos los pesticidas. Ellos no sólo se preocupan de pagar un precio justo, sino también de proteger el medio ambiente.

Nuria: ¿Sabes qué? ¡Dame el folleto! Pienso que primero <u>voy</u> a leerlo y después podemos hablar sobre el tema, ¿vale?

8 ¡comed! → ¡no comáis! – ¡di! → ¡no digas! – ¡estudiad! → ¡no estudiéis! – ¡sal! → ¡no salgas! – ¡haced! → ¡no hagáis! – ¡id! → ¡no vayáis! – ¡haz! → ¡no hagas! – ¡ten! → ¡no tengas! – ¡pon! → ¡no pongas! – ¡decid! → ¡no digáis! – ¡sé! → ¡no seas! – ¡venid! → ¡no vengáis! – ¡ven! → ¡no vengas! – ¡poned! → ¡no pongáis! – ¡ve! → ¡no veas!

9 Maribel: Oye Carmen, <u>dame</u> los diez euros que te dejé la semana pasada, por favor.

Carmen: ¡No puedo! Es que...

Maribel: Es siempre lo mismo contigo. No me <u>pidas</u> dinero si no me lo vas a devolver. A ver, <u>dime</u> por qué no lo tienes y no me <u>cuentes</u> mentiras.

Carmen: Vale Maribel, pero no me <u>hables</u> así tampoco. No me gusta.

Maribel: Y tú no me <u>digas</u> lo que tengo que hacer. <u>Devuélveme</u> mi dinero y ya no te voy a decir nada más.

Carmen: ¿Pero a ti qué te pasa? No te <u>pongas</u> así, Maribel. Son sólo diez euros y te los voy a pagar la próxima semana.

Maribel: ¿La próxima semana? ¡No! <u>Págame</u> el dinero mañana. No puedo esperar tanto.

Carmen: ¿Y por qué no? Además, ¿dónde está mi falda negra?

Maribel: Carmen, no <u>cambies</u> de tema. Estamos hablando de mi dinero, no de tu falda negra.

Carmen: Pero ahora quiero saber dónde está mi falda. A ver... ¡<u>cuéntame</u>!

Maribel: Pues la tiene mi prima Rosario. La semana pasada estuve en su casa y la dejé allí. Pero no <u>te preocupes</u>. Te voy a devolver tu falda la próxima semana.

Carmen: Pues entonces tú también tienes los diez euros la próxima semana.

Maribel: Carmen, no <u>seas</u> mala. Necesito el dinero este fin de semana para ir a la disco.

Carmen: ¡Y yo necesito mi falda negra!

Maribel: ¿Sabes qué? No me des el dinero porque ahora ya no te voy a devolver tu falda ¡y ya está!

Carmen: Mira Maribel, no te rías de mí y no te busques un problema conmigo.

Maribel: Y tú no me hables nunca más. ¡Ya no somos amigas!

UNIDAD 11 LA ECONOMÍA DE ESPAÑA

1 Antes de que visites Galicia, es importante que conozcas algunos datos sobre esta región de España. Por su gente, su cultura y sus tradiciones Galicia es una tierra de sorpresas.

A no ser que prefieras el campo, Galicia te ofrece playas maravillosas donde puedes disfrutar del sol y descansar, por ejemplo en las Rías Baixas en Pontevedra.

En el caso de que quieras visitar una ciudad, tienes que pasar unos días en Santiago de Compostela, la capital de Galicia. En su casco antiguo encuentras una de las catedrales más grandes e importantes de Europa: la Catedral de Santiago. Puedes estar en esta ciudad durante horas sin que sientas que el tiempo pasa.

Para que tengas una idea completa de la vida en Galicia, es importante que disfrutes de su cocina. En Galicia encuentras comidas muy diferentes. Bueno... a no ser que no te gusten el pescado y los mariscos, porque entonces vas a tener un problema. Pero no te preocupes, allí también hay muchas otras cosas deliciosas. Pero recuerda: antes de que termines de comer, tienes que probar la Tarta de Santiago. ¡Está buenísima!

En Santiago también encuentras muchas escuelas de idiomas en caso de que decidas aprender un poco de gallego. Y claro que también hay muchos bares y discotecas para que tus amigos y tú os paséis toda la noche bailando y disfrutando, si queréis.

Por supuesto que no puedes irte de Galicia sin que conozcas la Torre de Hércules en A Coruña: el faro más antiguo del mundo.

Después de que te vayas de Galicia, ¡vas a querer volver otra vez!

2 1. Vas a necesitar unas gafas de sol en caso de que hagas vacaciones en la playa. – 2. Siempre hay muchas ofertas para que los estudiantes no gasten mucho dinero. – 3. Ahí puedes disfrutar de muchos paisajes diferentes sin tener que salir de esta comunidad autónoma. – 4. Como las calles son generalmente muy pequeñas, es mejor que le preguntes a alguien antes de que no encuentres el camino y no sepas dónde estás. – 5. Pero después de conocer la región también vas a descubrir que en Andalucía hay muchos problemas. – 6. Por ejemplo, Andalucía está en peligro de convertirse en un desierto a no ser que consuma menos agua en el futuro.

3 1. vengas – 2. digas – 3. vaya – 4. pienses – 5. sepas – 6. veáis

4 1. **Mayela:** Cuando estoy triste me gusta escuchar música. ¿Y a ti?

Manolo: ¿Yo triste? Pues... me voy a la disco y bailo toda la noche para ponerme contento. Siempre que esté con una chica guapa al lado, claro.

Mayela: Oye Manolo, ¡cómo eres!

2. **Vero:** Yo, siempre que <u>voy</u> de vacaciones a casa de mi tía Claudia, lo paso bomba.

   Lidia: ¿Cómo no? Tu tía vive en Madrid y allí uno siempre lo pasa bomba.

   Vero: Mira, cuando <u>vaya</u> otra vez, vienes conmigo y mientras <u>estemos</u> tú y yo allí, salimos juntas todas las noches, ¿qué te parece?

   Lidia: ¡Estupendo!

3. **Cecilia:** Beto, ¿por qué no me llamas nunca?

   Beto: Es que mientras <u>trabajo</u>, no puedo hablar por teléfono. En mi trabajo todo está prohibido, por eso no puedo llamar a mis amigos hasta que <u>llego</u> a casa. Y por eso también estoy buscando un trabajo nuevo.

   Cecilia: Uf, pero hasta que lo <u>encuentres</u>, no te voy a ver nunca.

   Beto: Pues aunque no lo <u>creas</u>, ya casi lo tengo.

   Cecilia: Entonces, ¡felicidades!

4. **Nuria:** ¿Lista para la fiesta?

   Carmen: Nuria... ¿sabes qué? Aunque <u>tengo</u> muchas ganas, no voy a ir.

   Nuria: ¿Qué? ¡No te creo! Siempre que <u>estamos</u> juntas, no dejas de hablar de esa fiesta. ¿Cómo no vas a ir?

   Carmen: Es que Gonzalo también va a estar allí y no lo quiero ver.

   Nuria: ¿Y eso? Cuando <u>hablas</u> con él, siempre te ves muy contenta.

   Carmen: Sí, pero Julia me contó que él y Sonia ahora son novios y no los quiero ver juntos.

   Nuria: ¿Y qué? Aunque <u>tenga</u> novia, sigue siendo un chico muy guapo.

   Carmen: Nuria... ¡qué cosas dices!

5 1c – 2f – 3b – 4h – 5d – 6e – 7g – 8a

6 Carlos: Buenos días, señor. Quiero encontrar un piso nuevo aquí en el centro que no <u>sea</u> muy caro. ¿Me puede ayudar, por favor?

agente: Sí claro, pase..., pase. ¿Un piso aquí en el centro no muy caro...? Es difícil..., ¿grande o pequeño?

Carlos: El piso es para dos amigos y para mí y buscamos uno que <u>tenga</u> cuatro habitaciones y que no <u>sea</u> muy ruidoso. Si puede ser, que <u>esté</u> cerca de la universidad o de la biblioteca.

agente: Vamos a ver... Ahora mismo nosotros sólo <u>tenemos</u> un piso en el centro, pero <u>tiene</u> sólo tres habitaciones y <u>está</u> en el quinto piso. Sin embargo <u>es</u> un piso muy confortable y <u>tiene</u> mucha luz.

Carlos: Bueno... tres habitaciones también están bien. ¿Qué hay de la cocina? Es que necesitamos una donde <u>haya</u> lavadora. Si es posible, que <u>tenga</u> también un lavaplatos.

agente: Lo que <u>busca/buscan</u> no es muy fácil de encontrar. Pero afortunadamente en este piso también <u>hay</u> lavaplatos y lavadora.

Carlos: ¿Podemos verlo?

agente: Claro, cuándo <u>quieran</u>.

Carlos: Entonces voy a preguntarles a mis amigos cuándo <u>tienen</u> tiempo y se lo digo, ¿vale?

agente: Perfecto, lo que usted <u>diga</u>. Aquí estoy ¡para servirles!

Carlos: ¡Muchas gracias!

7 Estimados Señoras y Señores:

¿Cómo va a ser nuestro mundo en 150 años? Es una pregunta que no <u>podemos</u> responder hoy exactamente. Sin embargo **es importante que** los gobiernos de todos los países <u>se pregunten</u> una y otra vez qué <u>están</u> haciendo **para que** el futuro de nuestra tierra <u>sea</u> más agradable y sobre todo **para que** no <u>esté</u> en peligro.

Es importante que <u>protejamos</u> la naturaleza. No es posible ofrecer una estabilidad natural **sin que** <u>haya</u> un mejor consumo del agua y **sin que** todos <u>seamos</u> conscientes de que las energías renovables <u>son</u> la llave de la seguridad de nuestro futuro.

Es necesario también **que** <u>ofrezcamos</u> una mayor educación a nuestros niños **sin que** <u>sea</u> una ventaja sólo para los que <u>tengan</u> más dinero.

Cuando todos los niños del mundo <u>vayan</u> a un colegio, <u>estudien</u>, <u>aprendan</u> y <u>tengan</u> más relación con otras culturas, vamos a poder crear un ambiente de respeto cultural como el que <u>deseamos</u> llegar a tener.

Aunque todos nosotros <u>seamos</u> de países diferentes, <u>hablemos</u> una lengua diferente y <u>tengamos</u> una religión diferente, seguimos siendo parte de un solo mundo. Por eso **es importante que** nuestros niños <u>conozcan</u> estas diferencias, pero también **que** <u>aprendan</u> a respetarlas y **que** <u>descubran</u> que son exactamente estas diferencias las que nos <u>hacen</u> más interesantes.

Es necesario también **que** los países más desarrollados <u>apoyen</u> más fuertemente a los menos desarrollados **para que** <u>haya</u> un equilibrio económico más balanceado.

Pero sobre todo **es importante que** todos nosotros <u>recordemos</u> que la tierra donde <u>vivimos</u> es y sigue siendo hermosa. Así que ¡<u>cuidemos</u> de nuestra tierra! **para que** mañana también <u>podamos</u> disfrutar de ella y **para que** en muchos años <u>sigamos</u> teniéndola.
¡Muchas gracias!

UNIDAD 12   AMÉRICA LATINA

1 a)

f	o	c	s	f	h	a	b	l	a	r	í	a	m	o	s	é	c	a
m	q	m	o	s	a	r	i	a	n	i	r	e	i	s	n	e	o	v
o	j	l	h	a	b	l	a	r	í	a	n	u	m	i	d	r	m	a
c	i	o	n	e	l	t	a	m	s	u	n	i	t	e	z	o	e	m
p	i	h	i	l	a	r	c	o	m	e	r	í	a	i	s	u	r	o
g	v	i	v	i	r	í	a	i	s	i	a	v	i	v	i	r	í	a
c	o	m	e	r	í	a	n	e	m	o	c	o	m	e	r	i	a	t
c	e	c	m	i	a	s	a	c	o	m	e	r	í	a	m	o	s	e

b) 1. hablar: hablarías, hablaríais – 2. comer: comeríais – 3. vivir: vivirías, viviríamos, vivirían

2 1. gustaría – 2. podría – 3. compraría – 4. molestaría – 5. Podríamos – 6. importaría –
7. podrías

3

```
                        10▼
                1► H  A  R  Í  A  N
        2► D  I  R  Í  A  S
            3▼           8▼
            V        B        P
    4► T  E  N  D  R  Í  A  M  O  S   9▼
        N           A        D     P
        D           R        O
        R  5► Q  U  E  R  R  Í  A  N
        Í                    A     D
  6► S  A  B  R  Í  A  N     M     R
        I                    O     Í
        7► S  A  L  D  R  Í  A  S  A
```

4 **a)** Ayer Carmen y Julio <u>estuvieron</u> en la biblioteca donde <u>hicieron</u> los deberes de español. Allí también <u>vieron</u> a Marco y a Adrian. Entonces Carmen y Julio les <u>dieron</u> unos libros a ellos y Marco y Adrian los <u>pusieron</u> sobre la mesa. Después Carmen y Julio <u>fueron</u> a otra estantería para buscar otros libros. Pero en ese momento Marco y Adrian <u>tuvieron</u> que salir porque Marcela los esperaba en la puerta de la biblioteca. Cuando Carmen y Julio <u>trajeron</u> los otros libros, Marco y Adrian no estaban allí y sus libros tampoco. Entonces los chicos <u>quisieron</u> llamar a sus amigos, pero no <u>pudieron</u> porque tampoco tenían sus móviles. Estaban muy nerviosos y no sabían qué hacer, pero en ese momento <u>llegaron</u> dos personas que trabajaban en la biblioteca. Ellos tenían todos los libros, las mochilas y también los móviles. Pero les <u>dijeron</u> a Carmen y a Julio que deberían poner más atención a las cosas. Así que al final no pasó nada, pero Carmen y Julio <u>prefirieron</u> volver a casa. Qué susto, ¿verdad?

b) hicieron → hiciera - vieron → viera - dieron → diera - pusieron → pusiera - fueron → fuera - tuvieron → tuviera - trajeron → trajera - quisieron → quisiera - pudieron → pudiera - llegaron → llegara - dijeron → dijera - prefirieron → prefiriera

5 Mi nombre es Marlene Muñoz Solís. Soy de origen mexicano, pero vivo en California. Estudio medicina en la universidad y creo que soy una chica normal como todas aquí.
Bueno…, con la diferencia de que realmente no sé si soy mexicana o estadounidense. Mis padres llegaron a California y un año después nací yo. Desde que era niña mis padres

esperaban que yo aprendiera español y que fuera como todas las niñas mexicanas. Sí aprendí español, pero ya desde niña no era como las niñas mexicanas, porque todas mis amigas eran de California y no de México. Al principio mis padres querían que fuera a una escuela en español, pero yo quería ir a una escuela en inglés... como todas mis amigas. Mi madre tenía miedo de que los chicos de la escuela me dijeran cosas feas o de que tuviera problemas para estudiar, pero nunca los tuve. Claro que me molestaba muchísimo que algunos chicos en la escuela me llamaran «chicana», pero también me alegraba mucho que los profesores me ayudaran o que mis amigas me protegieran y se pelearan con ellos por mí.

Durante las vacaciones mi padre siempre me decía que viajara a México y que visitara a mis abuelos y a mi familia allí. Al principio lo hacía y lo pasaba muy bien, pero después ya no quería porque prefería hacer cosas con mis amigas. A ellas nunca les importó que mis padres vinieran de México o que yo pareciera diferente. Al contrario: les encantaba que hablara español y que supiera cosas que ellas no sabían. Incluso dos de mis amigas empezaron a aprender español y entonces me pedían que las ayudara. Por eso las invitaba a mi casa para que mi madre les preparara tacos y para que comiéramos y practicáramos español todas juntas. Era muy divertido.

Ahora, con 22 años, tengo el pelo negro, los ojos negros también y un nombre mexicano, pero de México, no tengo nada más.

6 1. aprendieran, serían – 2. exportaran, mejoraría – 3. buscaran, podrían – 4. estuviera, crecería – 5. tuviera, habría

7 1. Si mis hermanas no gastaran tanto dinero en ropa, tendrían suficiente. – 2. Si mi novio me dijera lo que realmente quiere, lo podría comprender. – 3. Si supierais el camino, no llegaríamos tarde a la reunión. – 4. Si hiciera lo que mi jefe me pide, no me querría despedir. – 5. Si el gobierno pensara en las energías renovables, no habría mucha contaminación. – 6. Si Ana no tuviera que trabajar durante sus estudios, no necesitaría más tiempo para la universidad. – 7. Si en las plantaciones de Costa Rica no se utilizaran muchos pesticidas, muchas personas no se enfermarían.

8 1b – 2d – 3f – 4c – 5a – 6g – 7e

EVALUACÍON 4

I. YA LO SÉ

1 **a)** 1. Person Singular Präsens
b) vivir → viva - contar → cuente - cerrar → cierre - pedir → pida - decir → diga - hacer → haga

2 3. El profesor quiere que haga el ejercicio.
(haga = Form des *presente de subjuntivo* der 1. und 3. Person Singular)

3 empezar – llegar – utilizar – buscar – explicar – pagar

4 1. Luis quiere que Carmen compre las entradas para el cine. – 2. Pero Carmen no sabe si Eduardo tiene tiempo para el cine. – 3. Carmen no cree que Eduardo tenga tiempo para el cine. – 4. Eduardo dice que no tiene tiempo para el cine.

5 1. En el caso de que no sepas la respuesta, le puedes preguntar a tu profesor. – 2. Si no sabes la respuesta, le puedes preguntar a tu profesor. – 3. Podemos contar contigo si tienes tiempo, ¿verdad? – 4. Podemos contar contigo en el caso de que tengas tiempo, ¿verdad?

6 1. Infinitiv – 2. subjuntivo

7 3. Person Plural des *pretérito indefinido*

8 vamos/vamos a – voy/puedo – fuéramos/podríamos

9 1. ¡No le preguntes a esa chica, mejor pregúntale a aquella otra, es más simpática.
   2. ¿Quieres regalarme algo? Entonces cómprame una falda nueva, pero no me compres zapatos, porque ya tengo muchos.

10 1. Es el chico cuya hermana es azafata.
   2. Es la escritora cuyos libros hemos leído en clase.

II. EL SUBJUNTIVO

1. hiciera, juegue – 2. despidieran, haya – 3. viniera, llame – 4. hablaran, sepa – 5. vinieran, se vayan – 6. estudiáramos, saquemos – 7. se fuera, tenga – 8. se preocupe, fuera – 9. tarde, produjeran – 10. hablara, deje

III. FRASES CONDICIONALES

1. tuviéramos/iríamos – 2. estudio/voy a aprobar – 3. quedarían/pagaran – 4. tienes/podemos – 5. trabajara/podría

IV. CONOCIMIENTO GLOBAL

Mercedes Sosa
Mercedes Sosa es una de las cantantes más famosas e importantes de Argentina y de toda América Latina. Nació el 9 de julio de 1935 en Tucumán. Empezó a cantar a los quince años. Desde entonces se dedicó a la profesión de cantante aunque siempre decía que le daba mucho miedo que la gente la escuchara cantar.
En 1965 grabó su primer disco con el que tuvo mucho éxito.
Los temas de sus canciones son sociales, políticos, revolucionarios y por supuesto de amor.
Mercedes Sosa murió el 4 de octubre de 2009 en Buenos Aires, Argentina.

1

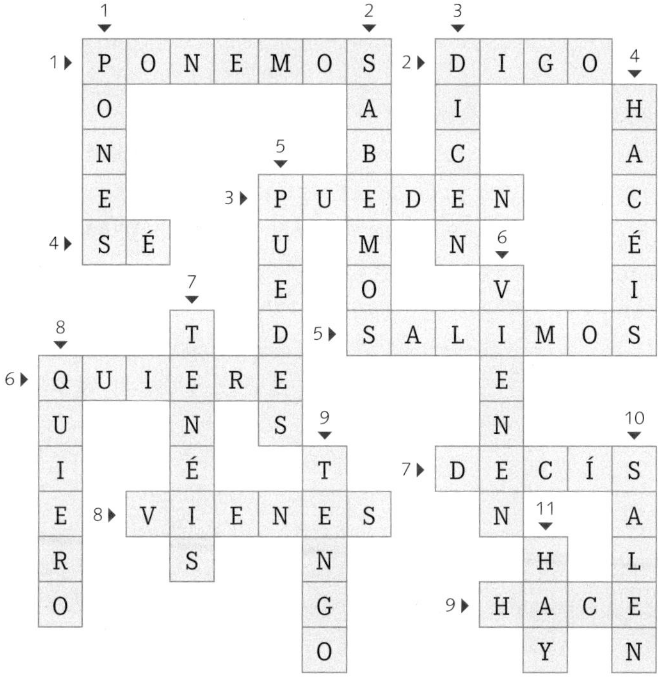

Crossword grid (horizontal answers):

- 1▶ PONEMOS
- 2▶ DIGO
- 3▶ PUEDEN
- 4▶ SÉ
- 5▶ SALIMOS
- 6▶ QUIERE
- 7▶ DECÍS
- 8▶ VIENES
- 9▶ HACE

Grid letters (row by row):

```
1▶ P O N E M O S   2▶ D I G O
   O       A          I        H
   N       B          C        A
        3▶ P U E D E N          C
4▶ S É     U M     N            É
        7  E O     V            I
      T  D 5▶ S A L I M O S
6▶ Q U I E R E             E
   U   N S           N
   I   É T      7▶ D E C Í S
   E 8▶ V I E N E S N        A
   R   S     N         H     L
   O         N    9▶ H A C E
             G              Y N
```

2 ¿Cómo será la vida de los jóvenes en el año 3000?

Eso no lo podemos saber todavía, pero creo que los estudiantes ya no <u>irán</u> a los institutos o a la universidad, porque <u>tendrán</u> clases en casa a través de internet.

Seguro que tampoco <u>habrá</u> libros, porque todo <u>estará</u> en los ordenadores portátiles. Los estudiantes <u>se reunirán</u> en salas virtuales y <u>discutirán</u> los temas allí con el profesor.

Probablemente la gente joven <u>podrá</u> hacer prácticas en cualquier parte del mundo, porque ellos las <u>harán</u> desde sus casas.

Seguro que los jóvenes también <u>saldrán</u> por la noche como ahora, pero los bares y las discotecas <u>serán</u> más modernos. Y los chicos lo <u>pasarán</u> muy bien, ¡como nosotros ahora!

3 1. 700.000 muertos fueron causados por la Guerra Civil Española. – 2. En 1939 una dictadura fue impuesta en España por Franco. – 3. En 1978 una gran mayoría de los españoles aprobó la Constitución democrática española. – 4. El 1 de enero de 2002 el euro fue introducido como moneda oficial. – 5. Hoy en día grandes retos son enfrentados por el Presidente de España. – 6. ¿La crisis económica podrá ser superada por España? – 7. El Presidente del Gobierno español tendrá que demostrar el éxito de sus proyectos en el futuro.

4 1. En 2008 Javier Bardem ganó un Óscar por la película «No es país para viejos», convirtiéndose así en el primer actor español que gana este premio. – 2. La novela «Inés y la alegría» habla de la vida de los españoles en los años 40, contando muchas historias de la guerra en aquellos años. – 3. El director de cine español Pedro Almodóvar hace películas muy interesantes desarrollando personajes muy creativos. – 4. Haciendo una lista de los escritores más famosos de la literatura española del siglo XX y XXI, tenemos que incluir el nombre de Javier Marías. – 5. Ganando otra vez el título de Liga el año pasado, el F.C. Barcelona sigue siendo el mejor equipo de España.

5 La semana pasada fue el cumpleaños de Lorena. Julio quería hacerle una fiesta, pero cuando habló con sus amigos se dio cuenta de que ellos ya la <u>habían organizado</u>. La fiesta era el viernes y todos los chicos <u>habían quedado</u> a las ocho en el bar «Pepe», pero Julio llegó muy tarde. Cuando llegó, buscó a sus amigos, pero ellos ya <u>se habían ido</u> a otro bar. Antes de irse, Claudia, otra amiga <u>había llamado</u> a Julio para decírselo pero Julio <u>había dejado</u> su móvil en casa. Por eso no estuvo en la fiesta. Al otro día Julio fue a casa de Lorena. Le <u>había comprado</u> el nuevo disco de «Chambao» de regalo, pero cuando se lo dio, Lorena le dijo que Claudia ya se lo <u>había regalado</u> en la fiesta. ¡Pobre Julio!

6 **Musterlösung:** 1. Marina dijo que <u>estaba</u> allí de vacaciones porque <u>la había inivitado su</u> tía alemana. – 2. Marina explicó que <u>su</u> tía antes vivía en Berlín, pero que ahora <u>vivía/vive</u> en Hamburgo. – 3. Me preguntó si <u>había estado</u> en Cosa Rica alguna vez. – 4. Marina dijo que le <u>parecía</u> importante que los jóvenes viajáramos mucho para conocer otras culturas. – 5. Explicó que si <u>podía</u>, <u>volvería</u> a Alemania algún día. – 6. Me preguntó si <u>tenía</u> ganas de visitarla en Costa Rica. – 7. Me dijo/pidió que no <u>olvidara</u> mandarle las fotos de la fiesta. – 8. Explicó que <u>estaba buscando</u> a <u>su</u> amiga Meike. Me preguntó si la <u>había visto</u>.

7 1. las suyas – 2. el tuyo, el suyo – 3. Las vuestras – 4. los nuestros – 5. las suyas – 6. el mío

8 1. hubiera tomado / habría tenido – 2. hubiera conocido / se habrían casado – 3. hubiera ahorrado / habría viajado – 4. hubiera sabido / habría traído – 5. hubieran llegado / hablarían

9 1. Si el general Francisco Franco no hubiera ganado la Guerra Civil en 1939, no habría impuesto una dictadura en España. – 2. Si Juan Carlos I no hubiera sido coronado Rey de España, no habría podido preparar el camino para que la democracia volviera. – 3. Si el PSOE no hubiera ganado las elecciones de 1982, Felipe González no habría sido Presidente del Gobierno.

7. Übersetze die Sätze ins Spanische.

1. Luis ist ein guter Freund. _____

2. Heute ist ein schlechter Tag. _____

3. Das ist ein großartiges Buch. _____

4. Sie hat ein großes Auto. _____

8. Welche Signalwörter sind typisch für das *pretérito indefinido*, das *pretérito imperfecto* und das *pretérito perfecto*? Ordne sie.

en 2008	antes	en mi vida	esta tarde

ayer   de repente   alguna vez   hoy   mientras

hasta ahora   hace tres semanas   en aquellos años   el martes pasado

el pretérito indefinido	el pretérito imperfecto	el pretérito perfecto

9. Bilde die Adverbien der Adjektive.

1. serio/-a _____   3. real   _____

2. normal   _____   4. último/-a _____

10. Übersetze die folgenden Sätze ins Spanische.

1. Sie will nichts essen. _____

2. Sie kennt hier niemanden. _____

3. Sie arbeitet nie. _____

4. Sie hat gar keine Freunde. _____

E3

II. PREPOSICIONES

Nenne für jedes Verb eine mögliche Kombination.

1.	en	con
a	de	por

2.	ti	internet	-tigo	alguien	Madrid	tema
	leer	tiempo	algo	tu casa	compras	moda

verbo	1.	2.
ser		
vivir		
navegar		
empezar		
pensar		
cambiar		
volver		
disponer		
ir		
tener ganas		

verbo	1.	2.
pasar		
llamar		
llevarse bien		
enamorarse		
estar		
quedarse		
luchar		
estar de acuerdo		
quejarse		
visitar		

III. ACENTOS

Ergänze die fehlenden Akzente im Text.

Esta tarde estamos todos en casa. Mi padre y mi hermana Claudia estan viendo la tele. Mi madre esta contandole a mi abuela cosas de su trabajo. Mi hermana Elena esta preparandonos la cena y yo estoy estudiando con mi primo Julio. Tengo que explicarle algunas cosas de matematicas porque el no las comprende muy bien. A mi no me importa ayudarlo, pero el problema es que mi primo no esta escuchandome porque quiere ver la tele con mi padre y mi hermana.

IV. LOS TIEMPOS VERBALES

Kreuze die richtige Verbform an.

1. El año pasado _____ cinco meses en Costa Rica.
   ☐ viví   ☐ vivía   ☐ he vivido

2. En el siglo XIX todavía no _____ coches.
   ☐ hubo   ☐ había   ☐ ha habido

▶

3. Todavía no _____ mis deberes para mañana.

☐ hice ☐ hacía ☐ he hecho

4. ¿_____ en España alguna vez?

☐ Estuviste ☐ Estabas ☐ Has estado

5. Antes de ir a la entrevista, Marta me _____ a prepararla.

☐ ayudó ☐ ayudaba ☐ ha ayudado

6. Cuando yo _____ niño, María y yo _____ amigos.

☐ fui / fuimos ☐ era / éramos ☐ he sido / hemos sido

7. Esta mañana me _____ bastante tarde.

☐ levanté ☐ levantaba ☐ he levantado

8. Mientras _____ al fútbol, el tiempo de repente _____.

☐ jugamos / cambió ☐ jugábamos / cambió ☐ jugábamos / cambiaba

9. Cuando Marina _____ de casa, _____ a llover.

☐ salió / empezó ☐ salió / empezaba ☐ salía / ha empezado ☐ salía / empezaba

10. Primero _____ al cine y despúes _____ algo en un bar.

☐ fuimos / tomamos ☐ fuimos / tomábamos ☐ íbamos / tomamos ☐ íbamos / tomábamos

V. CONOCIMIENTO GLOBAL

_____ / 10 Punkten (0,5 je Wort)

Im Text stehen einige Wörter nur zur Hälfte. Hat das Wort eine ungerade Buchstabenzahl, fehlt ein Buchstabe mehr als die Hälfte. Das heißt, wenn z. B. drei Buchstaben vor einer Lücke stehen, musst du noch drei Buchstaben ergänzen oder maximal vier. Aber niemals weniger oder mehr als das!

Alejandro Sanz

El **fam**_____ cantante español, Alejandro Sanz, **na**_____ en Madrid, el 18 de **dici**_____ de 1968. Hasta ahora en su carrera ha **he**_____ doce álbumes y **ade**_____ ha ganado dos Grammys.

En 2004, recibió el **pri**_____ Grammy por s_____ álbum «No es lo mismo».

En toda su **car**_____, ha cantado con **muc**_____ artistas amigos. Por **eje**_____, en 2008, **est**_____ en Colombia, donde **ca**_____ en un **conc**_____ con Shakira y **ot**_____ artistas.

De_____ 1999 hasta 2004, Sanz **vi**_____ con su mujer Jaydy Michel. Los dos se separaron en diciembre de 2004.

Sanz ha **apre**_____ dos **idi**_____. El **ing**_____ lo estudió en la **unive**_____ y el francés, en clases privadas.

E3

UNIDAD 10 EL MEDIO AMBIENTE

1 Der *subjuntivo* des Präsens (1) | El presente de subjuntivo (1)

1.1. Bildung | Morfología

a) Regelmäßige Verben

Infinitiv		**tom**ar	**com**er	**viv**ir
Singular	1.	tome	coma	viva
	2.	tomes	comas	vivas
	3.	tome	coma	viva
Plural	1.	tomemos	comamos	vivamos
	2.	toméis	comáis	viváis
	3.	tomen	coman	vivan

Indikativ	subjuntivo
(tú) hablas	que (tú) comas
(nosotros) comemos	que (nosotros) hablemos

Alle Formen des **presente de subjuntivo** leiten sich aus der **1. Person Singular Präsens** (des Indikativs) ab.

Die **1. und 3. Person Singular** haben immer **dieselbe Endung**. Wenn kein Personalpronomen im Satz steht, kannst du nur aus dem Zusammenhang erkennen, um welche Form es sich handelt. Die Endungen der **Verben auf -er** und **-ir** sind **gleich**.

LERNTIPP

Bis auf die 1. Person Singular sind die Endungen der Verben auf **-er** und **-ir** im **presente de subjuntivo** identisch mit den Endungen der Verben auf **-ar** im **Präsens Indikativ**, sowie die der Verben auf **-ar** im **subjuntivo** mit denen auf **-er** im **Indikativ**.

b) Verben mit unregelmäßiger 1. Person Singular Präsens Indikativ

Infinitiv	1. Person Sg. Indikativ	subjuntivo
ten**er**[1]	tengo	teng**a**, teng**as**, …
pon**er**[2]	pongo	pong**a**, pong**as**, …
dec**ir**	digo	dig**a**, dig**as**, …
hac**er**	hago	hag**a**, hag**as**, …
sal**ir**	salgo	salg**a**, salg**as**, …
ven**ir**[3]	vengo	veng**a**, veng**as**, …
conoc**er**[4]	conozco	conozc**a**, conozc**as**, …
cog**er**[5]	cojo	coj**a**, coj**as**, …
segu**ir**[6]	sigo	sig**a**, sig**as**, …
inclu**ir**[7]	incluyo	incluy**a**, incluy**as**, …

Da sich alle Formen des **presente de subjuntivo** aus der 1. Person Singular Präsens des Indikativs ableiten, ist es sinnvoll, sich hier alle **Verben mit unregelmäßiger 1. Person Singular** vor Augen zu führen.
Ebenso:
1 obtener
2 disponer, exponer, descomponerse, imponer
3 convenir
4 envejecer, ofrecer, parecer(se), crecer, reconocer, producir, introducir, oscurecer
5 recoger, proteger(se)
6 perseguir
7 sustituir

c) Verben mit Stammvokalwechsel

Infinitiv		cerrar[8]	poder[9]	pedir[10]
Indikativ Singular	1.	cierro	puedo	pido
Indikativ Plural	1.	cerramos	podemos	pedimos
subjuntivo Singular	1.	cierre	pueda	pida
	2.	cierres	puedas	pidas
	3.	cierre	pueda	pida
subjuntivo Plural	1.	cerremos	podamos	pidamos ⚠
	2.	cerréis	podáis	pidáis ⚠
	3.	cierren	puedan	pidan

Bei den **Verben mit Stammvokalwechsel von e → ie, o → ue und u → ue** (▶ S. 17, § 4) bleibt der Stammvokal in der **1. und 2. Person Plural** wie beim **presente de indicativo** erhalten.
Verben mit Stammvokalwechsel von e → i wechseln in der **1. und 2. Person Plural** hingegen <u>nicht zurück zum Stammvokal</u>.
<u>Ebenso:</u>
8 atend**er**, entend**er**, quer**er**, nev**ar**, pens**ar**, recomend**ar**, empez**ar**
9 dol**er**, devolv**er**, llov**er**, resolv**er**, volv**er**, acost**ar**(se), aprob**ar**, cont**ar**, cost**ar**, demostr**ar**, encontr**ar**(se), mostr**ar**, prob**ar**, record**ar**, son**ar**
10 repet**ir**, desped**ir**, re**ír**(se) (ría, rías, ría, riamos, riáis, rían)

d) Besondere Verben mit Stammvokalwechsel e → ie/i und o → ue/u

Infinitiv		sentir[11]	dormir[12]
Indikativ Singular	1.	siento	duermo
indefinido Singular	3.	sintió	durmió
indefinido Plural	3.	sintieron	durmieron
subjuntivo Singular	1.	sienta	duerma
	2.	sientas	duermas
	3.	sienta	duerma
subjuntivo Plural	1.	sintamos	durmamos
	2.	sintáis	durmáis
	3.	sientan	duerman

Es gibt eine Untergruppe von Verben mit Stammvokalwechsel von e → ie und o → ue, die **im pretérito indefinido in der 3. Person Singular und Plural** einen weiteren Stammvokalwechsel von e → i bzw. von o → u aufweisen.
Diese Verben weisen den <u>zusätzlichen Stammvokalwechsel</u> auch im **presente de subjuntivo** auf, allerdings nur in der **1. und 2. Person Plural**.
<u>Ebenso:</u>
11 convert**ir**(se), prefer**ir**
12 mor**ir**

e) Verben mit orthographischer Anpassung

Infinitiv		organizar[13]	jugar[14]	sacar[15]
Indikativ Singular	1.	organizo	juego	saco
subjuntivo Singular	1.	organice	juegue	saque
	2.	organices	juegues	saques
	3.	organice	juegue	saque
subjuntivo Plural	1.	organicemos	juguemos	saquemos
	2.	organicéis	juguéis	saquéis
	3.	organicen	jueguen	saquen

Verben, die auf -zar, -gar oder -car enden, müssen aufgrund der Ausspracheregeln (▶ S. 141) orthographisch angepasst werden:
– Bei den Verben, die auf **-zar** enden, kann der Buchstabe **z** nicht vor dem Vokal **e** stehen und wird deshalb in ein **c** umgewandelt.
– Bei den Verben, die auf **-gar** enden, muss ein **u** vor die Endungen des **subjuntivo** eingeschoben werden, da das **g** sonst vor dem **e** anders ausgesprochen würde (nämlich wie im Deutschen ein „ch", z. B. in „Sache").

10

Es importante que practiques mucho.

– Bei den Verben, die auf -**car** enden, muss im **subjuntivo** aus dem **c** ein **qu** werden, da das **c** vor dem **e** sonst gelispelt würde.

Ebenso:

13 empez**ar**, cruz**ar**, independiz**ar**(se), utiliz**ar**, rechaz**ar**

14 lleg**ar**, encarg**ar**(se), naveg**ar**, pag**ar**, drog**ar**(se), veng**ar**(se)

15 to**car**, comuni**car**(se), bus**car**, mar**car**, dedi**car**(se), signifi**car**, expli**car**, practi**car**, planifi**car**, impli**car**(se), desta**car**, publi**car**, provo**car**

f) Verben mit unregelmäßigen Formen

Infinitiv		ser[16]	estar	saber
Singular	1.	sea	esté	sepa
	2.	seas	estés	sepas
	3.	sea	esté	sepa
Plural	1.	seamos	estemos	sepamos
	2.	seáis	estéis	sepáis
	3.	sean	estén	sepan

Es gibt auch **unregelmäßige Verben** im **presente de subjuntivo**.

LERNTIPP

Lerne diese Formen auswendig, denn sie lassen sich nicht ableiten.

Ebenso:

16 ver

Infinitiv		ir	haber	dar
Singular	1.	vaya	haya	dé
	2.	vayas	hayas	des
	3.	vaya	haya	dé
Plural	1.	vayamos	hayamos	demos
	2.	vayáis	hayáis	deis
	3.	vayan	hayan	den

Die 1. und 3. Person Singular von **dar** (**dé**) bekommt einen Akzent, um sie von der Präposition **de** unterscheiden zu können.

1.2. Der *subjuntivo* nach bestimmten Verben im Nebensatz | La oración subordinada con subjuntivo después de ciertos verbos

a) Nach Verben der Willensäußerung

Wunsch	Quiero		
	Necesito		
	Prefiero		vengas.
	Espero	que	lo **hagas**.
Bitte	Te pido		me **ayudes**.
Befehl	Te digo		
Ratschlag	Te recomiendo		

Der **subjuntivo** steht nach Verben der Willensäußerung (z. B. Wunsch, Befehl, Bitte, Ratschlag usw.) und der Konjunktion **que**.

Voraussetzung ist, dass es sich in **Haupt- und Nebensatz** um **unterschiedliche Subjekte** handelt.

unterschiedliches Subjekt	gleiches Subjekt
Quiero **que vayas** a la fiesta. ↓ ↓ yo tú	Quiero **ir** a la fiesta. ↓ ↓ yo yo

Wenn das <u>Subjekt des Haupt- und Nebensatzes gleich</u> ist, muss anstatt **que** + **subjuntivo** der **Infinitiv** verwendet werden.

b) Nach Verben der Gefühlsäußerung

Freude	Me <u>alegro</u> de		
Gefallen	Está <u>contento</u> de Le <u>gusta</u> Me <u>encanta</u>	que	**vengas** mañana.
Missfallen/ Ärger	<u>No</u> me <u>gusta</u> Me <u>molesta</u>		**llegues** tarde.
Gleichgül- tigkeit	<u>No</u> me <u>importa</u>		
Angst	Tengo <u>miedo</u> de		
Erstaunen	Me <u>sorpende</u>		no **vengas**.
Bedauern	<u>Siento</u> Estoy <u>triste</u> de		

Der **subjuntivo** steht nach <u>Verben der Gefühls-äußerung</u> (z. B. Freude, Gefallen, Missfallen, Ärger, Gleichgültigkeit, Angst, Erstaunen, Bedauern) und der Konjunktion **que**, wenn es sich **in Haupt- und Nebensatz um unterschiedliche Subjekte** handelt.

c) Nach verneinten Verben des Denkens und Sagens

<u>No creo</u> <u>No piensa</u> <u>No digo</u> No me <u>parece</u>	que	**tengas** razón.

Der **subjuntivo** steht nach <u>verneinten Verben des Denkens und Sagens</u> und der Konjunktion **que**.

Pienso que **llega** tarde. Creo que **tienes** razón.

Wenn das Verb nicht verneint ist, steht der **Indikativ**.

1.3. Der *subjuntivo* nach unpersönlichen Ausdrücken | El subjuntivo después de expresiones impersonales

Es	bueno/malo (im)posible importante genial mejor/peor fácil/difícil normal necesario	que	lo **sepa**.

Der **subjuntivo** steht **nach unpersönlichen Ausdrücken** der folgenden Muster:
es + Adjektiv + **que**

Me Te Le Nos Os Les	parece	triste normal necesario genial importante justo	que	venga.
		bien mal		

parece + Adjektiv + **que**

parece + **bien/mal** + que

Es	un problema	que	nunca **vengas**.
	una tradición		**comamos** juntos.
	una pena		**estés** enfermo.
	una alegría		**hayas** venido.
	...		...

es + sustantivo + que

Está bien que **hagas** prácticas.
Está mal que no **tengas** tiempo hoy.
Puede ser que **saques** una buena nota.

Der **subjuntivo** steht auch nach **está bien/mal que** und **puede ser que**.

Está claro que tienes que estudiar más.
Es verdad que el subjuntivo es difícil.

¡OJO!

Nach diesen Ausdrücken steht der Indikativ, weil hier Sicherheit und Realität ausgedrückt wird.

2 Der verneinte Imperativ | El imperativo negativo

Infinitiv	tomar	comer	subir
tú	no tomes	no comas	no subas
usted	no tome	no coma	no suba
vosotros	no toméis	no comáis	no subáis
ustedes	no tomen	no coman	no suban

Für den verneinten Imperativ werden im Spanischen die Formen des **presente de subjuntivo** verwendet.

No uses el móvil en clase.
No pongas tus pies en la mesa.
No digáis eso.
Señora, no me hable así, por favor.

Mit dem verneinten Imperativ fordert man jemanden auf, etwas nicht zu tun bzw. zu unterlassen.

EJERCICIOS

EL PRESENTE DE SUBJUNTIVO (1)

1 Encuentra las parejas y completa la tabla con los verbos del recuadro. ¡Ojo, algunas formas pueden tener más de una pareja!

habla	escribe	beba	hablamos	escribamos	hablen	hablo
escribo	hables	habláis	escribas	bebáis	bebes	escribís	beben

indicativo	subjuntivo
bebo	
escribimos	
hablas	
escribes	
bebéis	
hablan	
bebe	

indicativo	subjuntivo
	hable
	escribáis
	hablemos
	beban
	bebas
	escriba
	habléis

2 Completa el crucigrama con las formas de los verbos en subjuntivo.

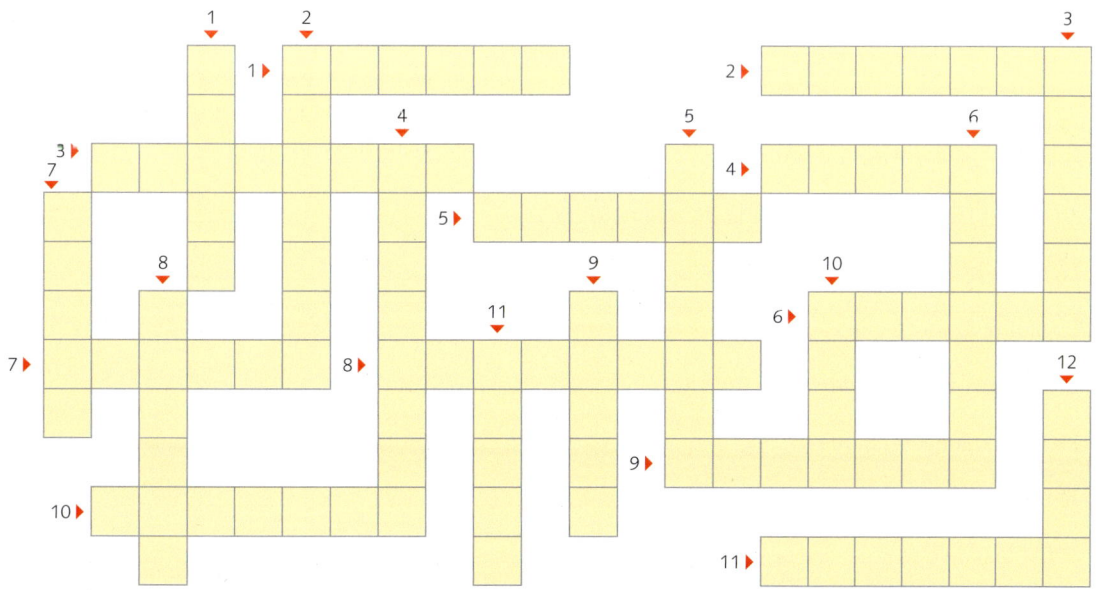

horizontal

1 ▶ **coger** (vosotros)

2 ▶ **seguir** (nosotras)

3 ▶ **organizar** (yo)

4 ▶ **saber** (tú)

5 ▶ **jugar** (ella)

6 ▶ **venir** (tú)

7 ▶ **dormir** (él)

8 ▶ **explicar** (yo)

9 ▶ **sentir** (tú)

10 ▶ **hacer** (nosotros)

11 ▶ **venir** (vosotros)

vertical

1 ▼ **decir** (ellas)

2 ▼ **conocer** (él)

3 ▼ **saber** (vosotras)

4 ▼ **contar** (nosotros)

5 ▼ **buscar** (tú)

6 ▼ **salir** (vosotros)

7 ▼ **poder** (ella)

8 ▼ **tener** (tú)

9 ▼ **pedir** (ellas)

10 ▼ **ver** (ellos)

11 ▼ **poner** (yo)

12 ▼ **ser** (tú)

3 ¿Qué le pasa a Carlos por la cabeza? ¿Qué piensan los otros al respecto? Completa las frases. | Was geht Carlos durch den Kopf? Und was denken die anderen darüber? Ergänze die Sätze.

3. Quiero ser veterinario... o peluquero.

4. Los chicos cuentan conmigo para jugar al fútbol el sábado.

5. Tengo que ayudar a mi hermana con los deberes de inglés.

2. «Vamos al cine», «vamos al cine»... es lo único que dice mi novia.

6. Tengo que estudiar más para el examen de física.

1. Esa peli es aburrida, pero a Julio le gusta mucho.

7. Tengo que llevarle el libro de matemáticas a Paula.

8. ¿Prácticas en la oficina de papá? No sé...

1. Julio quiere que Carlos vea una película con él.

2. La novia le dice que

3. La madre prefiere que

4. Los amigos esperan que

5. La hermana necesita que

6. El profe quiere que

7. Paula le pide que

8. El padre le recomienda que

4 Lee las frases y dilas de otra forma, como en el ejemplo.

Ejemplo: Las primas de Elena vienen mañana a su casa. A Elena le encanta la idea.
A Elena le encanta que sus primas vengan a su casa mañana.

1. Enrique tiene dos asignaturas pendientes en el instituto. A sus padres esto les molesta mucho.

_____

_____ .

2. Carlos y Víctor no juegan muy bien al fútbol, pero a los chicos de su equipo no les importa.

_____

_____ .

3. Julia sólo tiene cinco años pero ya es buenísima en matemáticas. A su hermana Clara le sorprende mucho.

_____

_____ .

4. Marisol quiere ir de excursión a una selva tropical[1], pero su madre tiene mucho miedo.

_____

_____ .

5. Eduardo está haciendo unas prácticas en otra ciudad. Su novia Verónica está triste por eso.

_____

_____ .

6. Yo sé que mis padres me van a visitar esta tarde y me alegro mucho de eso.

_____

_____ .

7. Carolina busca un piso nuevo porque no quiere vivir más en su piso compartido, pero esto a sus compañeras de piso no les gusta nada.

_____

_____ .

8. Marco conoce a mucha gente en el colegio. Su hermano está contento por eso.

_____

_____ .

1 **la selva tropical** tropischer Regenwald

5 Lee la información de las páginas 134 y 135 de tu libro de curso y forma frases en subjuntivo en tu cuaderno. | Lies die Informationen auf den Seiten 134–135 deines Schulbuchs und bilde Sätze mit dem *subjuntivo*. Schreibe sie in dein Heft.

(No)	Es importante Me parece genial Me parece triste Es bueno Me parece necesario Es fantástico Es increíble	que	Suiza <u>ser</u> el país haber bombillas fluorescentes una persona <u>gastar</u> 150 litros de agua en la bañera la Unión Europea <u>usar</u> más energías renovables los países <u>hacer</u> más campañas de reciclaje las personas <u>comprar</u> poca comida ecológica una bolsa de plástico <u>tardar</u> 400 años en descomponerse	ya que es mejor para el medio ambiente. por eso es mejor no usarlas. porque es mucho más ecológico ducharse. para informar a la gente. ya que necesitan menos electricidad. pero por suerte la cifra está creciendo más y más. que más basura recicla en el mundo.

6 Algunos de tus amigos tienen problemas. ¿Qué les puedes decir? Utiliza las expresiones del recuadro.

es importante que te recomiendo que	me parece necesario/bien/mejor que (no) quiero que	+ subjuntivo

1. Uno/-a de tus amigos/-as estudia muy poco y por eso tiene malas notas.

_____

2. Tu prima tiene problemas con su novio.

_____

3. Tus compañeros de piso no hacen nada en el piso.

_____

4. Tus hermanas gastan mucho dinero en el móvil.

_____

5. Tu amigo Alejandro perdió su trabajo.

_____

6. Tu amiga siempre está muy cansada en clase.

_____

7 Completa el diálogo con una forma del verbo en subjuntivo o en indicativo.

Nuria: ¡Hola Alfredo!, ¿qué estás leyendo?

Alfredo: Un folleto sobre «Comercio Justo». ¿No te parece fantástico que ellos

_____ tanto a los productores más pequeños?   ayudar

Nuria: Ummm... vale, sí. Pero a veces creo que no _____ tan justos   ser

como parecen. Además pienso que los productos de «Comercio Justo» _____   costar

demasiado.

Alfredo: ¿Pero qué dices? Es verdad que los productos _____ más   ser

caros, pero con ese dinero ellos _____ a los productores y así es posi-   apoyar

ble que los productores y sus familias _____ tener una vida mejor.   poder

Además está claro que ellos _____ la agricultura ecológica y por eso   fomentar

me parece bien que nosotros _____ un poco más.   pagar

Nuria: ¿Agricultura ecológica? No creo que _____ muy ecológica,   ser

porque ellos también utilizan pesticidas para sus productos.

Alfredo: Oye Nuria, ¡me molesta tanto que _____ de cosas que no   hablar

_____! Aquí en el folleto explican muy bien que en «Comercio Justo»   conocer

están prohibidos los pesticidas. Ellos no sólo se preocupan de pagar un precio justo, sino

también de proteger el medio ambiente.

Nuria: ¿Sabes qué? ¡Dame el folleto! Pienso que primero _____ a leerlo   ir

y después podemos hablar sobre el tema, ¿vale?

10

EL IMPERATIVO NEGATIVO

8 Di lo contrario. Escribe las formas del imperativo negativo detrás de las formas del imperativo afirmativo.

Ejemplo: ¡toma! → *¡no tomes!*

comed → _____   id → _____   sé → _____

di → _____   haz → _____   venid → _____

estudiad → _____   ten → _____   ven → _____

sal → _____   pon → _____   poned → _____

haced → _____   decid → _____   ve → _____

9 Completa el diálogo con las formas del imperativo afirmativo o negativo.

Maribel y Carmen son muy amigas, pero a veces tienen sus problemas...

Maribel: Oye Carmen, _____dame_____ (dar / me) los diez euros que te dejé la semana pasada, por favor.

Carmen: ¡No puedo! Es que...

Maribel: Es siempre lo mismo contigo. No me _____ (pedir) dinero, si no me lo vas a devolver[1]. A ver, _____ (decir / me) por qué no lo tienes y no me _____ (contar) mentiras[2].

Carmen: Vale Maribel, pero no me _____ (hablar) así tampoco. No me gusta.

Maribel: Y tú no me _____ (decir) lo que tengo que hacer. _____ (devolver / me) mi dinero y ya no te voy a decir nada más.

Carmen: ¿Pero a ti qué te pasa? No te _____ (poner) así, Maribel. Son sólo diez euros y te los voy a pagar la próxima semana.

Maribel: ¿La próxima semana? ¡No! _____ (pagar / me) el dinero mañana. No puedo esperar tanto.

Carmen: ¿Y por qué no? Además, ¿dónde está mi falda negra?

Maribel: Carmen, no _____ (cambiar) de tema. Estamos hablando de mi dinero, no de tu falda negra.

Carmen: Pero ahora quiero saber dónde está mi falda. A ver... ¡_____ (contar / me)!

Maribel: Pues la tiene mi prima Rosario. La semana pasada estuve en su casa y la dejé allí. Pero no _____ (preocuparse). Te voy a devolver tu falda la próxima semana.

Carmen: Pues entonces tú también tienes los diez euros la próxima semana.

Maribel: Carmen, no _____ (ser) mala. Necesito el dinero este fin de semana para ir a la disco.

Carmen: ¡Y yo necesito mi falda negra!

Maribel: ¿Sabes qué? No me _____ (dar) el dinero porque ahora ya no te voy a devolver tu falda ¡y ya está!

Carmen: Mira Maribel, no _____ (reírse) de mí y no te _____ (buscar) un problema conmigo.

Maribel: Y tú no me _____ (hablar) nunca más. ¡Ya no somos amigas!

1 **devolver** zurückgeben – 2 **la mentira** Lüge

1 Der *subjuntivo* des Präsens (2) | El presente de subjuntivo (2)

1.1. Der *subjuntivo* nach Konjunktionen im Nebensatz | El subjuntivo después de conjunciones en la oración subordinada

Te doy dinero **para que** <u>compres</u> las entradas.	... damit ...
No puede salir de casa **sin que** su madre se <u>dé</u> cuenta.	... ohne dass ...
Voy a la fiesta **a no ser que** <u>tenga</u> que trabajar.	... es sei denn, dass ...
Antes de que / Después de que <u>salgas</u> de casa, llámame.	Bevor/Nachdem ...
En (el) caso de que te <u>vayas</u>, me voy contigo.	Für den Fall, dass / Falls

Nach bestimmten Konjunktionen (**para que, sin que, a no ser que, antes de que, después de que, en (el) caso de que**), die einen Nebensatz einleiten, steht der <u>subjuntivo</u>.

Unterschiedliche Subjekte:

<u>Estudio</u> contigo **para que** <u>saques</u> una buena nota.
↓   ↓
yo   tú

<u>Ana</u> quiere hablar contigo **antes de que** te <u>vayas</u>.
↓   ↓
Ana   tú

Dasselbe Subjekt:

<u>Laura</u> estudia mucho **para** *<u>sacar</u>* una buena nota.
↓   ↓
Laura   Laura

<u>Quiero</u> hablar contigo **antes de** *<u>ir</u>me*.
↓   ↓
yo   yo

¡OJO!

Die Konjunktionen **para que, sin que, antes de que** und **después de que** werden nur verwendet, wenn im Haupt- und Nebensatz <u>zwei unterschiedliche Subjekte</u> stehen.
Steht im Haupt- und Nebensatz <u>dasselbe Subjekt</u>, so verwendet man die Präpositionen **para, sin, antes de, después de** und den *Infinitiv* des Verbs.

En caso de que <u>estés</u> **Si** <u>estás</u>	cansado, podemos irnos a casa.

¡OJO!

En (el) caso de que und si bedeuten im Deutschen beide „falls", aber nach **en (el) caso de que** steht der <u>subjuntivo</u> und nach **si** steht immer der <u>Indikativ</u>.

1.2. Der *subjuntivo* nach ojalá (que) | El subjuntivo después de ojalá (que)

Ojalá (que) <u>aprobemos</u> el examen.	Hoffentlich …	Der Ausdruck **ojalá (que)** ist eine weitere Möglichkeit, einen Wunsch auszudrücken und steht deshalb auch mit dem **subjuntivo** (▶ S. 98, § 1.2.).
Ojalá (que) <u>haga</u> buen tiempo mañana.	Hoffentlich …	

1.3. Konjunktionen, die mit Indikativ und *subjuntivo* stehen können | Conjunciones con indicativo y subjuntivo

Indikativ	subjuntivo	
Cuando <u>está</u> en Madrid, nos visita. **Immer wenn** er in Madrid ist, …	**Cuando** <u>esté</u> en Madrid, nos va a visitar. **Wenn/Sobald** er in Madrid ist, … (= Zukunft)	Es gibt im Spanischen **Konjunktionen, die ihre Bedeutung verändern,** je nachdem, ob sie mit Indikativ oder **subjuntivo** verwendet werden. Hierzu gehören die Konjunktionen **cuando, siempre que, mientras, hasta que** und **aunque.**
Siempre que <u>tiene</u> tiempo, nos visita. **Immer wenn** sie Zeit hat, … (= jedes Mal)	**Siempre que** <u>tenga</u> tiempo, nos va a visitar. **Vorausgesetzt, dass** sie Zeit hat, …	
Mientras <u>trabaja</u> en esa empresa, aprende mucho. **Während** er in dieser Firma arbeitet, …	**Mientras** <u>trabaje</u> en esa empresa, no va a aprender nada. **Solange** er in dieser Firma arbeitet, …	
No salí **hasta que** <u>llegó</u> Andrés. … **bis** Andrés kam. (= Vergangenheit)	No salgo **hasta que** <u>llegue</u> Andrés. … **bis/bevor** Andrés kommt. (= Zukunft)	
Aunque <u>tengo</u> tiempo, no voy a la fiesta. **Obwohl** ich Zeit habe, …	**Aunque** <u>tenga</u> tiempo, no voy a la fiesta. **Selbst wenn** ich Zeit habe(n sollte), …	

1.4. Der *subjuntivo* im Relativsatz (nach que, donde, lo que) | El subjuntivo en la frase relativa (después de que, donde, lo que)

Busca <u>a</u> una chica **que** <u>sabe</u> hablar alemán.	„… die Deutsch spricht." → Ich kenne sie.	Wenn der Relativsatz sich auf etwas Bekanntes bezieht, steht das Verb im <u>Indikativ</u>. Bezieht sich der Relativsatz auf etwas, das noch nicht bekannt ist, gesucht oder gewünscht wird, so steht das Verb im **subjuntivo**. Dies ist vor allem nach Verben wie **querer, buscar** und **necesitar** der Fall.
Busca una chica **que** <u>sepa</u> hablar alemán.	„… die Deutsch spricht." = „sprechen können soll." → Ich kenne sie nicht.	

Necesito <u>a</u> la persona **que** <u>tiene</u> coche.	„… die Person, die ein Auto hat." → Ich kenne die Person.
Necesito una persona **que tenga** coche.	„… eine Person, die ein Auto hat." = „haben soll" → Ich kenne die Person nicht.
Quiero pasar el verano en Andalucía, **donde** no <u>llueve</u>.	„… wo es nicht regnet." → Der Ort ist bekannt.
Quiero pasar el verano en algún lugar **donde** no **llueva**.	„… wo es nicht regnet." = „… wo es nicht regnen soll." → Der Ort ist nicht bekannt.
Siempre haces **lo que** <u>dice</u> tu padre.	„… was dein Vater sagt." → Es ist bekannt, was der Vater sagt.
Haz **lo que diga** tu padre.	„… was dein Vater sagt." = „was (auch immer) dein Vater sagen wird" → Es ist noch nicht bekannt, was der Vater sagen wird.

¡OJO!

Die Präposition <u>a</u> vor einer Person als direktem Objekt (▶ S. 27, § 6) wird <u>nicht</u> verwendet, wenn danach im Relativsatz der **subjuntivo** steht.

Grammatik wiederholen (1)

A Suche aus den Lektionstexten bzw. den Übungen im Buch Beispielsätze für ein Grammatikkapitel aus und schreibe sie mit Lücken auf ein Blatt. Ergänze nach einer längeren Pause die Lücken. Bearbeite dann mehrmals die Sätze, mit denen du Schwierigkeiten gehabt hast.

⇒ Probiere das für das **pretérito indefinido** und **pretérito imperfecto** mit dem Lektionstext von Paso 3 der Unidad 8 (Buch, S. 113) aus. Notiere dir für jede Lücke auch die Verben im Infinitiv.

B Entscheide dich für ein Grammatikkapitel aus einer früheren Lektion, das du wiederholen möchtest. Suche dann aus einem späteren Lektionstext Beispiele für die grammatische Struktur und erkläre sie mithilfe der Regeln aus der rechten Spalte des Grammatikhefts bzw. in deinen eigenen Worten.

⇒ Wiederhole den Gebrauch von **ser** und **estar** (▶ S. 8, § 2, ▶ S. 16, § 1, ▶ S. 40, § 8) und probiere dann diese Lernstrategie mit dem Lektionstext von Paso 3 der Unidad 8 (Buch, S. 113) aus.

EJERCICIOS

1 Practica el subjuntivo después de conjunciones en la oración subordinada: Utiliza los verbos del recuadro y completa el texto sobre Galicia con la forma correcta del subjuntivo.

visitar	conocer	tener	preferir	querer	sentir
gustar	irse	decidir	pasar	terminar	

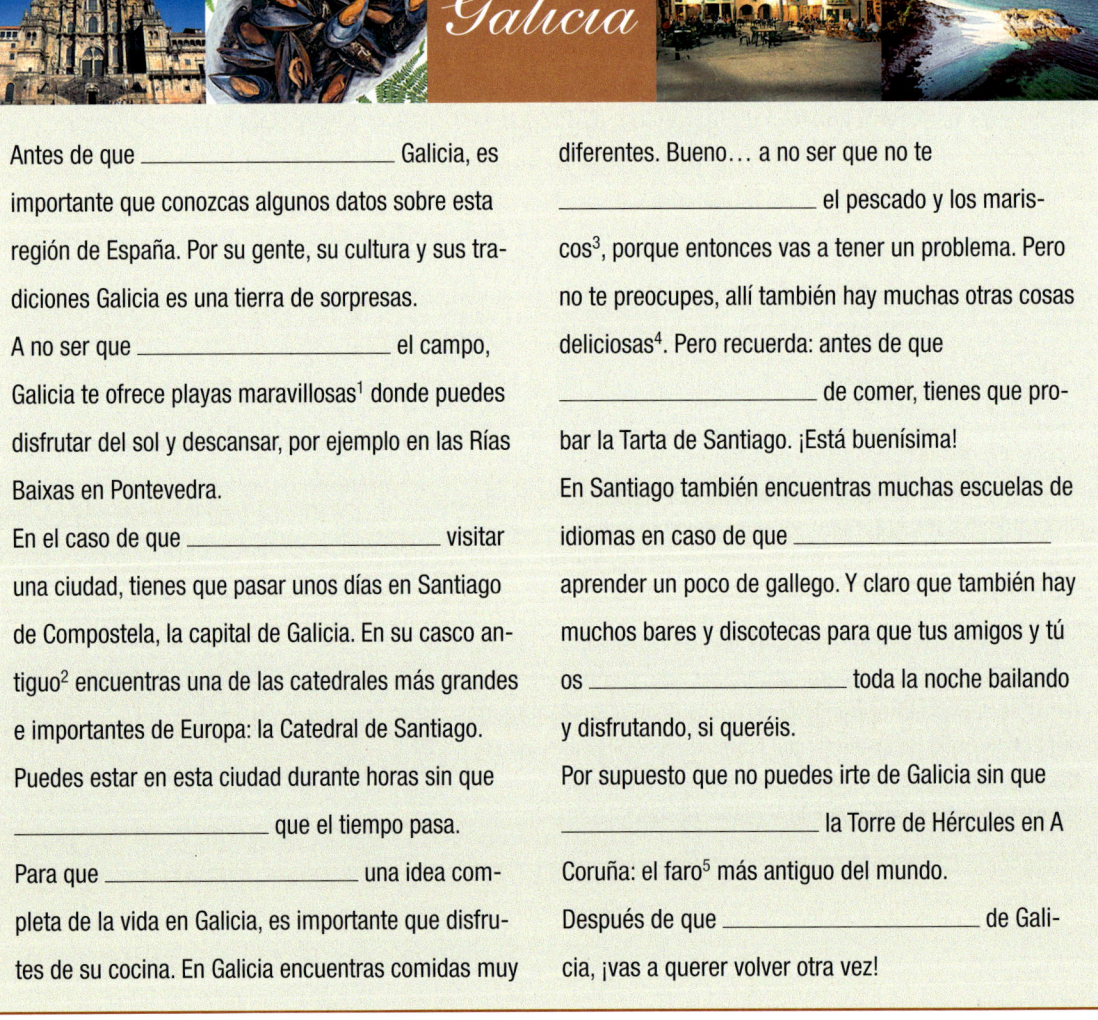

Antes de que _____ Galicia, es importante que conozcas algunos datos sobre esta región de España. Por su gente, su cultura y sus tradiciones Galicia es una tierra de sorpresas.

A no ser que _____ el campo, Galicia te ofrece playas maravillosas[1] donde puedes disfrutar del sol y descansar, por ejemplo en las Rías Baixas en Pontevedra.

En el caso de que _____ visitar una ciudad, tienes que pasar unos días en Santiago de Compostela, la capital de Galicia. En su casco antiguo[2] encuentras una de las catedrales más grandes e importantes de Europa: la Catedral de Santiago. Puedes estar en esta ciudad durante horas sin que _____ que el tiempo pasa.

Para que _____ una idea completa de la vida en Galicia, es importante que disfrutes de su cocina. En Galicia encuentras comidas muy diferentes. Bueno... a no ser que no te _____ el pescado y los mariscos[3], porque entonces vas a tener un problema. Pero no te preocupes, allí también hay muchas otras cosas deliciosas[4]. Pero recuerda: antes de que _____ de comer, tienes que probar la Tarta de Santiago. ¡Está buenísima!

En Santiago también encuentras muchas escuelas de idiomas en caso de que _____ aprender un poco de gallego. Y claro que también hay muchos bares y discotecas para que tus amigos y tú os _____ toda la noche bailando y disfrutando, si queréis.

Por supuesto que no puedes irte de Galicia sin que _____ la Torre de Hércules en A Coruña: el faro[5] más antiguo del mundo.

Después de que _____ de Galicia, ¡vas a querer volver otra vez!

1 **maravilloso** wunderbar – 2 **el casco antiguo** Altstadt – 3 **el marisco** Meeresfrucht – 4 **delicioso/-a** köstlich – 5 **el faro** Leuchtturm

2 Vacaciones en Andalucía. Relaciona y termina las frases.

en caso de que *hacer* vacaciones en la playa

sin *tener* que salir de esta comunidad autónoma

a no ser que *consumir* menos agua en el futuro

Pero después de que *conocer* la región

para que los estudiantes no *gastar* mucho dinero

antes de que no *encontrar* el camino y no *saber* dónde estás

1. Vas a necesitar unas gafas de sol _____

_____.

2. Siempre hay muchas ofertas _____

_____.

3. Ahí puedes disfrutar de muchos paisajes diferentes _____

_____.

4. Como las calles son generalmente muy pequeñas, es mejor que le preguntes a alguien _____

_____.

5. _____

también vas a descubrir que en Andalucía hay muchos problemas.

6. Por ejemplo, Andalucía está en peligro de convertirse en un desierto _____

_____.

3 Practica el uso del subjuntivo después de *ojalá que*: Completa los mensajes de los chicos con los verbos del recuadro en subjuntivo.

saber	decir	ver	pensar	venir	ir

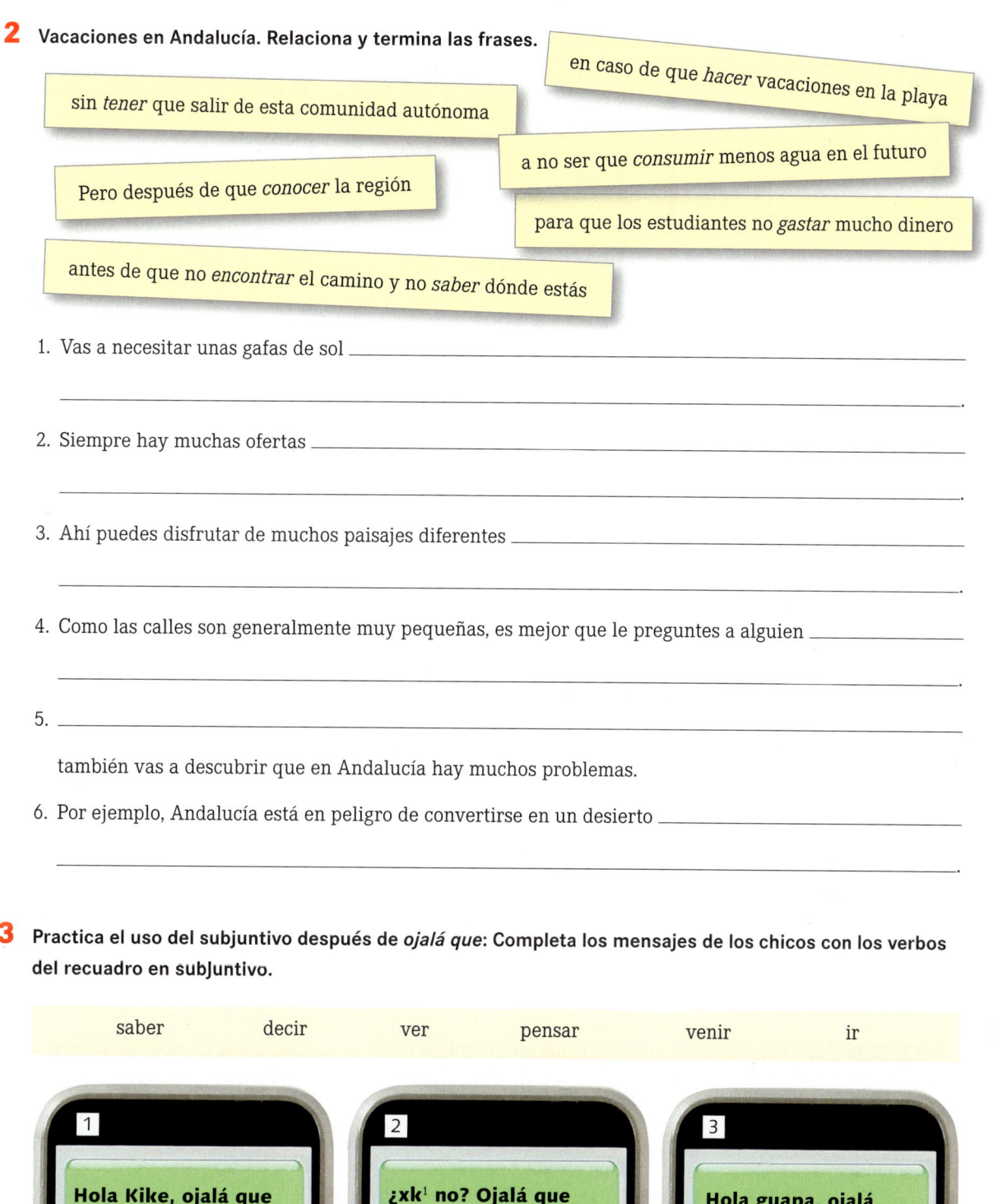

1

Hola Kike, ojalá que

_____

a mi casa esta noche.

Hasta más tarde,

Julia

2

¿xk[1] no? Ojalá que

me lo

_____

pronto, ¡sino me voy

a enfadar!

3

Hola guapa, ojalá

que te

_____

bien en el examen,

besitos :-)

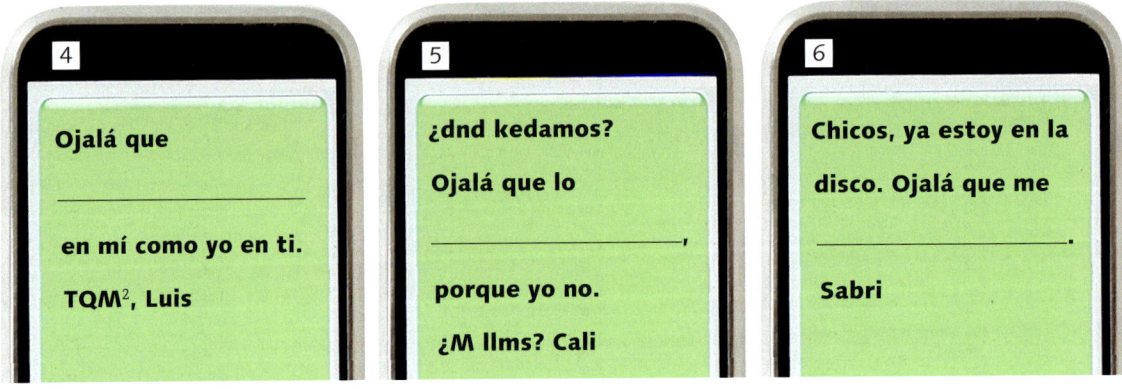

4 | Ojalá que

_____

en mí como yo en ti.
TQM², Luis

5 | ¿dnd kedamos?

Ojalá que lo

_____,

porque yo no.

¿M llms? Cali

6 | Chicos, ya estoy en la

disco. Ojalá que me

_____.

Sabri

1 **¿xk?** ¿por qué? – 2 **TQM** te quiero mucho

4 **Conjunciones con indicativo y subjuntivo: Completa los diálogos con el subjuntivo o el indicativo.**

1. **Mayela:** Cuando _____ (estar) triste me gusta escuchar música. ¿Y a ti?

   Manolo: ¿Yo triste? Pues... me voy a la disco y bailo toda la noche para ponerme contento. Siempre que

   _____ (estar) con una chica guapa al lado, claro.

   Mayela: Oye Manolo, ¡cómo eres!

2. **Vero:** Yo, siempre que _____ (ir) de vacaciones a casa de mi tía Claudia, lo paso bomba.

   Lidia: ¿Cómo no? Tu tía vive en Madrid y allí uno siempre lo pasa bomba.

   Vero: Mira, cuando _____ (ir) otra vez, vienes conmigo y mientras

   _____ (estar) tú y yo allí, salimos juntas todas las noches, ¿qué te parece?

   Lidia: ¡Estupendo!

3. **Cecilia:** Beto, ¿por qué no me llamas nunca?

   Beto: Es que mientras _____ (trabajar), no puedo hablar por teléfono. En mi trabajo

   todo está prohibido, por eso no puedo llamar a mis amigos hasta que _____ (llegar) a

   casa. Y por eso también estoy buscando un trabajo nuevo.

   Cecilia: Uf, pero hasta que lo _____ (encontrar), no te voy a ver nunca.

   Beto: Pues aunque no lo _____ (creer), ya casi lo tengo.

   Cecilia: Entonces, ¡felicidades!

4. **Nuria:** ¿Lista para la fiesta?

   Carmen: Nuria... ¿sabes qué? Aunque _____ (tener) muchas ganas, no voy a ir. ▶

Nuria: ¿Qué? ¡No te creo! Siempre que _____ (estar) juntas, no dejas de hablar de esa

fiesta. ¿Cómo no vas a ir?

Carmen: Es que Gonzalo también va a estar allí y no lo quiero ver.

Nuria: ¿Y eso? Cuando _____ (hablar) con él, siempre te ves muy contenta.

Carmen: Sí, pero Julia me contó que él y Sonia ahora son novios y no los quiero ver juntos.

Nuria: ¿Y qué? Aunque _____ (tener) novia, sigue siendo un chico muy guapo.

Carmen: Nuria... ¡qué cosas dices!

5 **Practica el uso del subjuntivo en la frase relativa. Combina las frases correctamente.**

Busco a una chica que habla inglés |1| |a| pero no sé adónde ir.

Busco una chica que hable inglés |2| |b| no me gusta como habla. Siempre parece enfadado.

Aunque lo que dice es verdad, |3| |c| y que se llama Elizabeth, ¿la has visto?

Aunque lo que diga sea verdad, |4| |d| el jefe lo despidió. ¡Pobre!

Aunque trabaja bien, |5| |e| yo no quiero hacer el proyecto con ella.

Aunque trabaje bien, |6| |f| pero no conozco a ninguna, ¿y tú?

Quiero conocer una ciudad donde la |7| |g| y por eso voy a visitar Santiago de Compostela.

comida es más rica que en Madrid |h| yo no le creo, no me siento segura con él.

Quiero conocer una ciudad donde la |8|

comida sea más rica que en Madrid,

6 **Practica otra vez el uso del subjuntivo en la frase relativa. Completa el diálogo con el presente de subjuntivo o con una forma del indicativo.**

En una agencia inmobiliaria...

Carlos: Buenos días, señor. Quiero encontrar un piso nuevo aquí en el centro que no

_____ (ser) muy caro. ¿Me puede ayudar, por favor?

agente: Sí claro, pase..., pase. ¿Un piso aquí en el centro no muy caro...? Es difícil..., ¿grande o pequeño?

Carlos: El piso es para dos amigos y para mí y buscamos uno que _____ (tener) cuatro

habitaciones y que no _____ (ser) muy ruidoso. Si puede ser, que _____

(estar) cerca de la universidad o de la biblioteca.

agente: Vamos a ver... Ahora mismo nosotros sólo _____ (tener) un piso en el centro,

pero _____ (tener) sólo tres habitaciones y _____ (estar) en el quinto

piso. Sin embargo _____ (ser) un piso muy confortable y _____ (tener)

mucha luz.

▶

11

Carlos: Bueno... tres habitaciones también están bien. ¿Qué hay de la cocina? Es que necesitamos una

donde _____ (haber) lavadora. Si es posible, que _____ (tener)

también un lavaplatos.

agente: Lo que _____ (buscar) no es muy fácil de encontrar. Pero afortunadamente en

este piso también _____ (haber) lavaplatos y lavadora.

Carlos: ¿Podemos verlo?

agente: Claro, cuando _____ (querer).

Carlos: Entonces voy a preguntarles a mis amigos cuándo _____ (tener) tiempo y se lo

digo, ¿vale?

agente: Perfecto, lo que usted _____ (decir). Aquí estoy ¡para servirles![1]

Carlos: ¡Muchas gracias!

1 **¡para servirles!** *etwa:* zu Ihren Diensten

RESUMEN: EL SUBJUNTIVO, EL INDICATIVO Y EL IMPERATIVO

7 **a) Lee el siguiente discurso y complétalo con las formas del subjuntivo, imperativo o del indicativo.**

Estimados Señoras y Señores:

¿Cómo va a ser nuestro mundo en 150 años? Es una pregunta que no

_____ responder[1] hoy exactamente. Sin embargo es impor- | **poder (nosotros)**

tante que los gobiernos[2] de todos los países _____ una y | **preguntarse**

otra vez qué _____ haciendo para que el futuro de nuestra | **estar**

tierra _____ más agradable y sobre todo para que no | **ser**

_____ en peligro. | **estar**

Es importante que _____ la naturaleza. No es posible ofre- | **proteger (nosotros)**

cer una estabilidad[3] natural sin que _____ un mejor consu- | **haber**

mo del agua y sin que todos _____ conscientes[4] de que las | **ser (nosotros)**

energías renovables _____ la llave[5] para la seguridad[6] de | **ser**

nuestro futuro.

Es necesario también que _____ una mayor educación a | **ofrecer (nosotros)**

nuestros niños sin que _____ una ventaja sólo para los que | **ser** ▶

_____ más dinero. | tener

Cuando todos los niños del mundo _____ a un colegio, | ir

_____, _____ y | estudiar / aprender

_____ más relación con otras culturas, vamos a poder crear | tener

un ambiente de respeto[7] cultural como el que _____ llegar | desear[8] (nosotros)

a tener.

Aunque todos nosotros _____ de países diferentes, | ser

_____ una lengua diferente y _____ | hablar / tener

una religión diferente, seguimos siendo parte de un solo mundo. Por eso es impor-

tante que nuestros niños _____ estas diferencias, pero tam- | conocer

bién que _____ a respetarlas[9] y que | aprender

_____ que son exactamente estas diferencias las que nos | descubrir[10]

_____ más interesantes. | hacer

Es necesario también que los países más desarrollados[11]

_____ más fuertemente a los menos desarrollados para que | apoyar

_____ un equilibrio[12] económico más balanceado[13]. | haber

Pero sobre todo es importante que todos nosotros _____ | recordar

que la tierra donde _____ es y sigue siendo hermosa[14]. Así | vivir

que ¡_____ de nuestra tierra! para que mañana también | cuidar

_____ disfrutar de ella y para que en muchos años | poder

_____ teniéndola. | seguir

¡Muchas gracias!

1 **responder** beantworten – 2 **el gobierno** Regierung – 3 **la estabilidad** Stabilität – 4 **ser consciente** sich bewusst sein – 5 **la llave** Schlüssel – 6 **la seguridad** Sicherheit – 7 **el respeto** Respekt – 8 **desear** wünschen – 9 **respetar** respektieren – 10 **descubrir** entdecken – 11 **desarrollado/-a** entwickelt – 12 **el equilibrio** Gleichgewicht – 13 **balanceado/-a** ausgeglichen – 14 **hermoso/-a** wunderschön, wundervoll

b) Lee otra vez el texto y subraya todas las expresiones que rigen el subjuntivo. | Lies den Text noch einmal und unterstreiche alle Ausdrücke, auf die der *subjuntivo* folgt.

1 Der Konditional | El condicional

1.1. Bildung | Morfología

Infinitiv		**trabajar**	**volver**	**abrir**
Singular	1.	trabajaría	volvería	abriría
	2.	trabajarías	volverías	abrirías
	3.	trabajaría	volvería	abriría
Plural	1.	trabajaríamos	volveríamos	abriríamos
	2.	trabajaríais	volveríais	abriríais
	3.	trabajarían	volverían	abrirían

Die Endungen des **condicional** sind für alle Verben gleich. Alle Formen sind endungsbetont.
Bei den regelmäßigen Verben werden die Endungen an den Infinitiv angehängt.
Die 1. und 3. Person Singular des **condicional** sind formgleich.

Infinitiv	Konditional
caber (passen)	cabría, cabrías, …
decir	diría, dirías, …
haber	habría, habrías, …
hacer	haría, harías, …
poder	podría, podrías, …
poner	pondría, pondrías, …
querer	querría, querrías, …
saber	sabría, sabrías, …
salir	saldría, saldrías, …
tener	tendría, tendrías, …
venir	vendría, vendrías, …

Im **condicional** gibt es eine kleine Anzahl unregelmäßiger Verben, deren Formen nicht mit dem Infinitiv gebildet werden.
Die Endungen sind aber immer regelmäßig.

1.2. Gebrauch | Uso

1. Me **gustaría** emigrar. Entonces **podría** vivir mejor.
2. La blusa te **quedaría** mejor con la falda verde.
3. En esa situación yo **iría** al hospital y **hablaría** con un médico.
4. ¿**Podrías** ayudarme?

Mit dem **condicional** drückt man eine Möglichkeit (1), einen Vorschlag (2), einen Ratschlag (3) oder eine höfliche Bitte (4) aus.

2 Der *imperfecto de subjuntivo* | El imperfecto de subjuntivo

2.1. Bildung | Morfología

Infinitiv		**tomar**	**comer**	**vivir**
pretérito indefinido				
3. Person Plural		tomaron → tomar~~on~~	comieron → comier~~on~~	vivieron → vivier~~on~~
imperfecto de subjuntivo				
Singular	1.	tomara	comiera	viviera
	2.	tomaras	comieras	vivieras
	3.	tomara	comiera	viviera
Plural	1.	tomáramos	comiéramos	viviéramos
	2.	tomarais	comierais	vivierais
	3.	tomaran	comieran	vivieran

Singular	1.	tomase	comiese	viviese
	2.	tomases	comieses	vivieses
	3.	tomase	comiese	viviese
Plural	1.	tomásemos	comiésemos	viviésemos
	2.	tomaseis	comieseis	vivieseis
	3.	tomasen	comiesen	viviesen

Infinitiv	3. Person Plural pretérito indefinido	imperfecto de subjuntivo
dar	dieron	diera, dieras, ...
decir	dijeron	dijera, dijeras, ...
estar	estuvieron	estuviera, estuvieras, ...
haber	hubieron	hubiera, hubieras, ...
hacer	hicieron	hiciera, hicieras, ...
poder	pudieron	pudiera, pudieras, ...
poner	pusieron	pusiera, pusieras, ...
querer	quisieron	quisiera, quisieras, ...
ser/ir	fueron	fuera, fueras, ...
saber	supieron	supiera, supieras, ...
tener	tuvieron	tuviera, tuvieras, ...
traer	trajeron	trajera, trajeras, ...

Der **imperfecto de subjuntivo** wird für alle Verben von der **3. Person Plural** des **pretérito indefinido** abgeleitet:
Man streicht die letzten beiden Buchstaben dieser Form (**-on**) und erhält so den Stamm des **imperfecto de subjuntivo**, an den man die Endungen anhängt.
Die Endungen sind beim **imperfecto de subjuntivo** für alle Verben gleich.
Da bei der **1. Person Plural** die Betonung auf der drittletzten Silbe liegt, trägt diese einen Akzent (▶ Betonungsregeln, S. 141).

Neben den Formen auf **-ra** existieren für den **imperfecto de subjuntivo** auch die Formen auf **-se**. Die Formen sind in der Bedeutung vollkommen gleich.

¡OJO!

Da der **imperfecto de subjuntivo** immer von der 3. Person Plural des **pretérito indefinido** abgeleitet wird, werden auch Unregelmäßigkeiten übernommen.

LERNTIPP

Wiederhole die unregelmäßigen Verben des **pretérito indefinido.** ▶ S. 55, §2.3.

Ser und **ir** haben – wie im **pretérito indefinido** – die gleichen Formen.

12

venir	vinieron	viniera, vinieras, ...
ver	vieron	viera, vieras, ...
...	...	...

dormir¹ (o → u)	durmieron → durmier~~on~~	durmiera, durmieras, ...
repetir² (e → i)	repitieron → repitier~~on~~	repitiera, repitieras, ...

Die Ableitungsregel gilt natürlich auch für die Verben mit Vokalwechsel in der 3. Person.

1 ebenso: morir
2 ebenso: seguir, (des)pedir, reír(se)

2.2. Gebrauch | Uso

Es necesario que lo **hagas**.
Era necesario que lo **hicieras**.

Ana quiere que la **llames**.
Ana quería que la **llamaras**.

¡OJO!

Wenn ein Ausdruck, der den **subjuntivo** auslöst (▶ Unidades 10 und 11), im **pretérito imperfecto** oder im **pretérito indefinido** steht, wird der **imperfecto de subjuntivo** im Nebensatz verwendet.

Esperaba que **vinieras**.	(Wunsch)
Te dijo que lo **hicieras**.	(Befehl)
Les pidió que **trajeran** sus abrigos.	(Bitte)
Les recomendó que **leyeran** el libro.	(Ratschlag)

a) Nach Verben der Willensäußerung (z. B. Wunsch, Befehl, Bitte, Ratschlag, usw.)

Se alegró mucho de que **vinieran** sus padres.	(Freude)
Le gustaba que su hijo **sacara** una buena nota.	(Gefallen)
Me molestaba que **llegara** tarde otra vez.	(Missfallen/ Ärger)
No le importaba que **tuviera** que esperar.	(Gleich- gültigkeit)
Tenía miedo de que no me **pudieras** ayudar.	(Angst)
Le sorprendió que Ana **llegara** tarde.	(Erstaunen)
Sintieron mucho que no nos **viéramos** ayer.	(Bedauern)

b) Nach Verben der Gefühlsäußerung (z. B. Freude, Gefallen, Missfallen, Ärger, Gleichgültigkeit, Erstaunen, Angst, Bedauern)

No creía que Buenos Aires **fuera** una ciudad tan moderna.

c) Nach Verben des Denkens und Sagens in der Verneinung

Era necesario que lo **hiciera**.
Nos pareció correcto que los clientes **se quejaran**.
Era un problema que siempre **llegara** tarde al trabajo.

d) Nach unpersönlichen Ausdrücken

Le dio dinero <u>para que</u> **comprara** las entradas. No podía salir <u>sin que</u> sus padres **se dieran** cuenta.	e) Nach Konjunktionen

<u>Antes buscábamos una chica que</u> **supiera** hablar alemán.	f) Im Relativsatz

3 Der irreale Bedingungssatz der Gegenwart | La frase condicional irreal en presente

	Bedingungssatz	Hauptsatz
1	**presente de indicativo:** Si **tengo** tiempo, Wenn ich Zeit <u>habe</u>,	**presente de indicativo:** **voy** a Buenos Aires. <u>fahre</u> ich nach Buenos Aires.
2	**imperfecto de subjuntivo:** Si **tuviera** tiempo, Wenn ich Zeit <u>hätte</u>,	**condicional:** **iría** a Buenos Aires. <u>würde</u> ich nach Buenos Aires <u>fahren</u>.

<u>Satz 1</u> ist ein **realer Bedingungssatz der Gegenwart**, weil die Bedingung, die im **si**-Satz steht, erfüllt werden kann (▶ S. 46, § 1).
<u>Satz 2</u> ist ein **irrealer Bedingungssatz der Gegenwart**, weil es nicht wahrscheinlich ist, dass die Bedingung, die im **si**-Satz steht, erfüllt wird.
Im **irrealen Bedingungssatz der Gegenwart** steht im **si**-Satz der **imperfecto de subjuntivo** und im Hauptsatz der **condicional**.

4 Das Relativpronomen cuyo/-a | El pronombre relativo cuyo/-a

Es el grupo **cuyo** cantante es muy guapo. Es el grupo **cuya** música es muy famosa. Es el grupo **cuyos** carteles son muy modernos. Es el grupo **cuyas** canciones no entendemos nunca.

Das Relativpronomen **cuyo/-a** richtet sich in Genus und Numerus nach dem <u>folgenden Nomen</u>. Es wird vor allem in der Schriftsprache verwendet.

Das ist <u>die Gruppe</u>, **deren** Sänger sehr gut singt. Das ist <u>der Junge</u>, **dessen** Schwester in meiner Klasse ist.

¡OJO!

Der Gebrauch von **cuyo/-a** im Spanischen unterscheidet sich vom Gebrauch der Relativpronomen „dessen"/„deren" im Deutschen, weil sich diese nach dem <u>vorausgehenden Nomen</u> richten.

APRENDER MEJOR LA GRAMÁTICA

Grammatikfehler feststellen

A Bearbeite im Schülerbuch in den Repasos die Übungen „Gramática y vocabulario" (z. B. S. 45). Überlege dir, was du schon ganz gut kannst und, wenn nötig, was du noch üben solltest.

➡ Mache das auch für die früheren Lektionen. So findest du schnell heraus, was du vielleicht noch wiederholen solltest.

B Wiederhole ein Grammatikkapitel mithilfe des Grammatikhefts und deiner Aufzeichnungen aus dem Unterricht. Lies dann einen Text von dir durch und überprüfe, ob du die Regel immer richtig angewendet hast.

➡ Probiere das mit den Demonstrativpronomen und -begleitern aus. ▶ S. 17, § 3

EJERCICIOS

EL CONDICIONAL

1 **a) Encuentra las formas de los verbos *hablar*, *comer* y *vivir* en condicional en la sopa de letras (→ ↓) y escríbelas en la tabla.**

f	o	c	s	f	h	a	b	l	a	r	í	a	m	o	s	e	c	a
m	q	m	o	s	a	r	i	a	n	i	r	e	i	s	n	e	o	v
o	j	l	h	a	b	l	a	r	í	a	n	u	m	i	d	r	m	a
c	i	o	n	e	l	t	a	m	s	u	n	i	t	e	z	o	e	m
p	i	h	i	l	a	r	c	o	m	e	r	í	a	i	s	u	r	o
g	v	i	v	i	r	í	a	i	s	i	a	v	i	v	i	r	í	a
c	o	m	e	r	í	a	n	e	m	o	c	o	m	e	r	i	a	t
c	e	c	m	i	a	s	a	c	o	m	e	r	í	a	m	o	s	e

b) ¿Qué formas de los verbos faltan?

1. hablar: _____

2. comer: _____

3. vivir: _____

2 **Elige el verbo correcto y completa las frases con el condicional. Puedes utilizar los verbos más de una vez.**

molestar	poder	comprar	gustar	importar

1. Me _____ ser actriz. Me gustan mucho las películas y me encanta actuar.

2. Disculpe, señora, ¿me _____ decir dónde está la estación de autobuses?

3. ¿Estás seguro que quieres este libro? Yo no lo _____. Mi hermana dice que es aburrido.

4. ¿Te _____ si nos quedáramos en casa esta noche? Es que estoy muy cansado.

5. ¿Tienes planes para esta noche? _____ ir al cine, tú y yo.

6. ¿Te _____ ir al supermercado conmigo? Es que no me gusta hacer la compra yo sola.

7. Ana, ¿_____ pasarme el pan, por favor?

3 Completa el crucigrama con las formas de los verbos en condicional.

- Los políticos con más posibilidades (**1** hacer) más por las personas.
- Yo sé que tú les (**2** decir) la verdad a tus padres.
- ¿Vosotros no (**3** venir) más temprano? Así nosotros (**4** tener) más tiempo para preparar el proyecto.
- Seguro que ellos también (**5** querer) ir a la disco con nosotros. ¿Por qué no los invitas?
- Creo que ellas (**6** saber) la respuesta. ¡Pregúntales!
- Tú con más dinero (**7** salir) más, ¿verdad?
- Nosotras con más tiempo (**8** poder) aprender más, pero no lo tenemos.
- Yo en mi piso (**9** poner) el sofá al lado del armario. Así (**10** haber) más espacio[1]. Pero es sólo una idea.

1 **el espacio** Platz

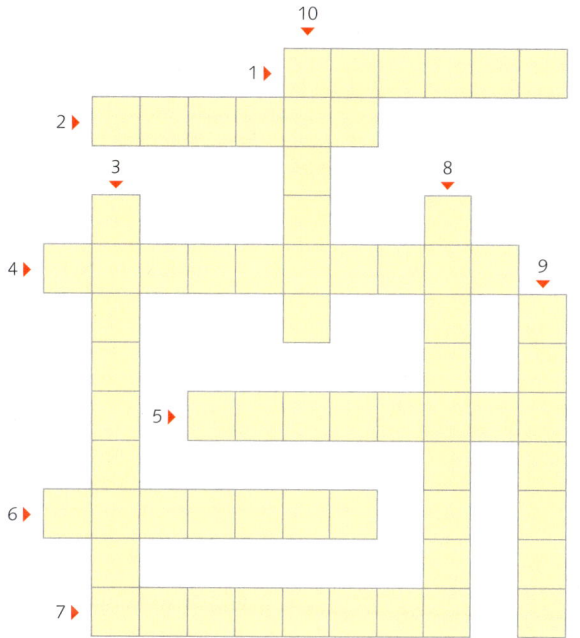

EL IMPERFECTO DE SUBJUNTIVO

4 **a)** Completa las frases con la forma correcta del pretérito indefinido de los verbos.

Ayer Carmen y Julio _____ (estar) en la biblioteca donde _____

(hacer) los deberes de español. Allí también _____ (ver) a Marco y a Adrian. Entonces

Carmen y Julio les _____ (dar) unos libros a ellos y Marco y Adrian los

_____ (poner) sobre la mesa. Después Carmen y Julio _____ (ir)

a otra estantería[1] para buscar otros libros. Pero en ese momento Marco y Adrian

_____ (tener) que salir porque Marcela los esperaba en la puerta de la biblioteca.

Cuando Carmen y Julio _____ (traer) los otros libros, Marco y Adrian ya no estaban

allí y sus libros tampoco. Entonces los chicos _____ (querer) llamar a sus amigos,

pero no _____ (poder) porque tampoco tenían sus móviles. Estaban muy nerviosos y

no sabían qué hacer, pero en ese momento _____ (llegar) dos personas que trabaja-

ban en la biblioteca. Ellos tenían todos los libros, las mochilas y también los móviles. Pero les

_____ (decir) a Carmen y a Julio que deberían poner más atención a las cosas. Así

que al final no pasó nada, pero Carmen y Julio _____ (preferir) volver a casa. Qué

susto[2], ¿verdad?   1 **la estantería** Regal – 2 **qué susto** was für ein Schreck

b) Ahora escribe la 1ª persona singular del imperfecto de subjuntivo de todos los verbos de a). | Leite jetzt von allen Verben von a) die 1. Person Singular des *imperfecto de subjuntivo* ab.

estuvieron → estuviera.

5 **a) Completa el texto con las formas correctas del imperfecto de subjuntivo de los verbos.**

Mi nombre es Marlene Muñoz Solís. Soy de origen mexicano, pero

vivo en California. Estudio medicina en la universidad y creo que

soy una chica normal como todas aquí.

Bueno..., con la diferencia de que realmente no sé si soy mexicana

o estadounidense. Mis padres llegaron a California y un año des-

pués nací yo. Desde que era niña mis padres esperaban que yo

_____ (aprender) español y que

_____ (ser) como todas las niñas mexicanas.

Sí aprendí español, pero ya desde niña no era como las niñas

mexicanas, porque todas mis amigas eran de California y no de

México. Al principio mis padres querían que

_____ (ir) a una escuela en español, pero yo

quería ir a una escuela en inglés... como todas mis amigas. Mi

madre tenía miedo de que los chicos de la escuela me

_____ (decir) cosas feas o de que

_____ (tener) problemas para estudiar, pero nunca los tuve. Claro que me molestaba

muchísimo que algunos chicos en la escuela me _____ (llamar) «chicana», pero

también me alegraba mucho que los profesores me _____ (ayudar) o que mis amigas

me _____ (proteger) y _____ (pelearse) con ellos por mí.

Durante las vacaciones mi padre siempre me decía que _____ (viajar) a México y que

_____ (visitar) a mis abuelos y a mi familia allí. Al principio lo hacía y lo pasaba muy ▶

bien, pero después ya no quería porque prefería hacer cosas con mis amigas. A ellas nunca les importó

que mis padres _____ (venir) de México o que yo _____

(parecer) diferente. Al contrario: les encantaba que _____ (hablar) español y que

_____ (saber) cosas que ellas no sabían. Incluso dos de mis amigas empezaron a

aprender español y entonces me pedían que las _____ (ayudar). Por eso las invitaba

a mi casa para que mi madre les _____ (preparar) tacos y para que

_____ (comer) y _____ (practicar) español todas juntas. Era

muy divertido.

Ahora, con 22 años, tengo el pelo negro, los ojos negros también y un nombre mexicano, pero de México,

no tengo nada más.

**b) Subraya las expresiones que rigen el subjuntivo. | Unterstreiche die Ausdrücke, auf die der *subjuntivo*
folgt.**

LA FRASE CONDICIONAL IRREAL EN PRESENTE

6 **Completa las frases con las formas correctas de los verbos.**

1. Si los estudiantes de los países andinos _____ más   aprender

   quechua o aimara, estas lenguas _____ todavía más   ser

   importantes en la región.

2. Si los países de América Central _____ más productos,   exportar

   su economía _____ .   mejorar

3. Si más personas de Latinoamérica _____ una mejor vida   buscar

   económica en los países del Cono Sur, estos países _____   poder

   tener más problemas de emigración.

4. Probablemente si la frontera entre Estados Unidos y México no

   _____ bien protegida, la cifra de personas que pasan a   estar

   Estados Unidos _____ .   crecer

5. Si el Caribe no _____ playas tan bonitas y un clima tan   tener

   bueno, no _____ tanto turismo en esa región.   haber

7 Transforma las frases como en el ejemplo.

Ejemplo: Luisa se pasa todo el día charlando con sus amigas. Por eso tiene problemas en el instituto.
Si no se pasara todo el día charlando con sus amigas, no tendría problemas en el instituto.

1. Mis hermanas gastan mucho dinero en ropa. Por eso nunca tienen suficiente.

   _____

2. Mi novio nunca me dice lo que realmente quiere. Por eso no lo puedo comprender.

   _____

3. Vosotras no sabéis el camino y por eso llegamos tarde a la reunión.

   _____

4. Yo nunca hago lo que mi jefe me pide. Por eso me quiere despedir.

   _____

5. El gobierno no piensa en las energías renovables. Por eso hay mucha contaminación.

   _____

   _____

6. Ana tiene que trabajar durante sus estudios. Por eso necesita más tiempo para la universidad.

   _____

   _____

7. En las plantaciones de Costa Rica se utilizan muchos pesticidas. Por eso muchas personas se enferman.

   _____

   _____

EL PRONOMBRE RELATIVO *CUYO/-A*

8 Combina las frases correctamente.

Chile es un país del Cono Sur cuyos	1	a	costa[1] es muy larga[2]: 6435 km.
En Chile hay escritores muy famosos cuyos	2	b	países vecinos son Perú, Bolivia y Argentina.
Chile es un país de origen inca cuyas	3	c	arquitectura es muy europea.
Santiago, la capital, es una ciudad cuya	4	d	libros se leen en todo el mundo.
Chile es un país cuya	5	e	producto principal es el cobre[3].
Chile tiene una cocina muy variada cuyos	6	f	lenguas más importantes son el español, el aimara y el mapudungun.
Económicamente hablando, Chile es un país	7	g	platos principales son «la empanada[4]» y «el pastel de choclo[5].»
cuyo			

1 **la costa** Küste – 2 **largo/-a** lang – 3 **el cobre** Kupfer – 4 **la empanada** gefüllte Teigtasche – 5 **el pastel de choclo** Maisauflauf

EVALUACIÓN

Gesamtpunktzahl _____ **von 60 Punkten**

_____ / 20 Punkten (2 je Frage)

1. a) Aus welcher Verbform wird der _presente de subjuntivo_ abgeleitet?

☐ 1. Person Singular Präsens   ☐ 3. Person Plural Präsens   ☐ 3. Person Plural _pretérito indefinido_

b) Bilde die 1. Person Singular des _presente de subjuntivo_ der Verben.

vivir _____   cerrar _____   dccir _____

contar _____   pedir _____   hacer _____

2. Bei welchem der folgenden Sätze kann man nur aus dem Zusammenhang erkennen, um welche Person es sich handelt?

1. ☐ El profesor quiere que hagamos el ejercicio.
2. ☐ El profesor quiere que hagan el ejercicio.
3. ☐ El profesor quiere que haga el ejercicio.

3. Welche der folgenden Verben müssen aufgrund der Ausspracheregeln im _presente de subjuntivo_ orthographisch angepasst werden?

☐ trabajar   ☐ empezar   ☐ llegar   ☐ estudiar   ☐ utilizar   ☐ buscar

☐ explicar   ☐ vivir   ☐ aprender   ☐ pagar   ☐ escribir   ☐ ayudar

4. Indikativ oder _subjuntivo_? Übersetze dle Sätze ins Spanischc.

1. Luis möchte, dass Carmen die Eintrittskarten fürs Kino kauft.

_____

2. Aber Carmen weiß nicht, ob Eduardo Zeit fürs Kino hat.

_____

3. Carmen glaubt nicht, dass Eduardo Zeit fürs Kino hat.

_____

4. Eduardo sagt, dass er keine Zeit fürs Kino hat.

_____

E4

5. Ergänze die Sätze mit *si* oder *en el caso de que*.

1. _____ no sepas la respuesta, le puedes preguntar a tu profesor.

2. _____ no sabes la respuesta, le puedes preguntar a tu profesor.

3. Podemos contar contigo _____ tienes tiempo, ¿verdad?

4. Podemos contar contigo _____ tengas tiempo, ¿verdad?

6. Beantworte die Fragen.

1. In welcher Form muss ein Verb stehen, wenn es auf eine Präposition wie *para* oder *sin* folgt?

_____

2. In welcher Form muss ein Verb stehen, wenn es auf eine Konjunktion wie *para que* oder *sin que* folgt?

_____

7. Von welcher Verbform wird der *imperfecto de subjuntivo* abgeleitet?

_____

8. Welche Verbformen passen? Kreuze alle möglichen Lösungen an.

Si _____ a Andalucía, _____ hacer vacaciones en la playa.

☐ vamos / vamos a   ☐ voy / pudiera   ☐ voy / puedo

☐ fuéramos / podríamos   ☐ iría / podría   ☐ iríamos / pudiéramos

9. Ergänze die Sätze mit der richtigen Form des bejahten oder verneinten Imperativs und mit einem Pronomen.

1. (preguntar / a ella): No _____ a esa chica, mejor

_____ a aquella otra, es más simpática.

2. (comprar / a mí): ¿Quieres regalarme algo? Entonces _____ una falda

nueva, pero no _____ zapatos, porque ya tengo muchos.

10. Übersetze die Sätze ins Spanische.

1. Er ist der Junge, dessen Schwester Flugbegleiterin ist.

_____

2. Sie ist die Schriftstellerin, deren Bücher wir im Unterricht gelesen haben.

_____

Vervollständige die Sätze mit der richtigen Form des *presente de subjuntivo* oder *imperfecto de subjuntivo* der Verben.

1. Antes a mi novia no le importaba que _____ (hacer) deporte con mis amigos los fines de semana, pero ahora le molesta que _____ (jugar) al fútbol los sábados.

2. El mes pasado el director de mi empresa les pidió a los gerentes que _____ (despedir) a veinte empleados y ahora hace falta que _____ (haber) más personal. ¡Qué mala organización!

3. En aquellos años éramos muy amigos y siempre quería que él _____ (venir) a visitarme. Pero ahora ya no quiero estar con él ni que él me _____ (llamar) por teléfono. ¡Así es la vida!

4. Antes en esa empresa no era necesario que los empleados _____ (hablar) otros idiomas, pero ahora sólo le dan trabajo a gente que _____ (saber) inglés.

5. El viernes pasado me alegré mucho de que mis tíos _____ (venir) a visitarnos, pero ahora me alegro más de que _____ (irse). ¡Un par de días son suficientes!

6. El profesor nos dio tiempo libre para que _____ (estudiar) para el examen y ahora espera que _____ (sacar) una buena nota. ¡Ojalá que sí!

7. Los padres de Julia tenían mucho miedo de que su hija _____ (irse) a estudiar a Estados Unidos, pero ahora están muy contentos de que ella _____ (tener) una formación profesional tan buena.

8. Me parece muy bien que hoy en día la gente _____ (preocuparse) más por consumir productos ecológicos. Es una pena que antes no _____ (ser) tan importante.

9. ¿No os sorprende que una bolsa de plástico _____ (tardar) 400 años en descomponerse? ¿Por qué los expertos no pensaron en esto antes de que las _____ (producir)?

10. Sinceramente no me pareció correcto que el profesor _____ (hablar) así con nosotros. Es verdad, nos fuimos antes de la clase, pero ahora él está haciendo un gran problema sin que nos _____ (dejar) explicarle las razones que tuvimos.

Kreuze die richtigen Verbformen an.

1. Si _____ tiempo, _____ a tu fiesta, de verdad. Pero ya tenemos planes para el sábado, ¿sabes?

   ☐ tenemos / vamos ☐ tuviéramos / vayamos ☐ tendríamos / iríamos ☐ tuviéramos / iríamos

2. Tengo problemas en mates, pero si _____ mucho para el próximo examen, creo que lo _____.

   ☐ estudio / vaya a aprobar ☐ estudio / voy a aprobar ☐ voy a estudiar / apruebo

3. Muchos empleados se van de esa empresa. Seguro que se _____ si los gerentes les _____ más.

   ☐ quedaran / pagarían ☐ quedaran / pagaran ☐ quedarían / pagaran ☐ quedarían / pagarían

4. ¡Qué bien que vas a venir a Madrid! Oye, si _____ tiempo, _____ ir juntas a la disco un día.

   ☐ tengas / podemos ☐ tuvieras / podríamos ☐ tienes / podemos ☐ tendrías / podamos

5. Si su padre _____ menos, Marta _____ pasar más tiempo con él. Pero no es así...

   ☐ trabajara / podría ☐ trabajara / pudiera ☐ trabajaría / podría ☐ trabaja / puede

Im Text stehen einige Wörter nur zur Hälfte. Hat das Wort eine ungerade Buchstabenzahl, fehlt ein Buchstabe mehr als die Hälfte. Vervollständige den Text.

Mercedes Sosa

Mercedes Sosa es una de las cantantes más **fam**_____ e

impor_____ de Argentina y de **to**_____ América Latina.

Na_____ el 9 de julio de 1935 en Tucumán. **Emp**_____ a

can_____ a los quince años. Desde **ento**_____ se dedicó a la

prof_____ de cantante **aun**_____ siempre de_____ que le

daba mucho miedo que la gente la **escu**_____ cantar.

En 1965 grabó su **pri**_____ disco con el que tuvo mucho

éx_____.

Los **te**_____ de sus **canc**_____ son **soci**_____, políticos,

revolucionarios y por **supu**_____ de amor.

Mercedes Sosa **mu**_____ el 4 de **oct**_____ de 2009 en **Bue**_____ Aires, Argentina.

1   Das Futur | El futuro

1.1. Bildung | Morfología

Infinitiv		**viajar**	**ver**	**vivir**
Singular	1.	viajar**é**	ver**é**	vivir**é**
	2.	viajar**ás**	ver**ás**	vivir**ás**
	3.	viajar**á**	ver**á**	vivir**á**
Plural	1.	viajar**emos**	ver**emos**	vivir**emos**
	2.	viajar**éis**	ver**éis**	vivir**éis**
	3.	viajar**án**	ver**án**	vivir**án**

Die Endungen des **Futurs** werden an den Infinitiv der Verben angehängt, d.h. der Infinitiv ist für diese Zeitform der Stamm. Alle Formen sind endungsbetont. Die Endungen des **Futurs** sind für **alle Verben gleich**.

¡OJO!

Außer in der 1. Person Plural tragen alle Endungen des Futurs einen Akzent.

Infinitiv	Futur
caber (passen)	ca**b**ré, ca**b**rás, ...
decir	**di**ré, **di**rás, ...
haber	ha**b**ré, ha**b**rás, ...
hacer	**ha**ré, **ha**rás, ...
poder	po**d**ré, po**d**rás, ...
poner	pon**d**ré, pon**d**rás, ...
querer	que**rr**é, que**rr**ás, ...
saber	sa**b**ré, sa**b**rás, ...
salir	sal**d**ré, sal**d**rás, ...
tener	ten**d**ré, ten**d**rás, ...
venir	ven**d**ré, ven**d**rás, ...

Im **Futur** gibt es eine kleine Anzahl **unregelmäßiger Verben**, deren Formen nicht mit dem Infinitiv gebildet werden.
Die Endungen sind aber immer regelmäßig.

LERNTIPP

Im **condicional** (▶ S. 116, §1) und im **Futur** sind die gleichen Verben auf die gleiche Art unregelmäßig.

1.2. Gebrauch | Uso

1. En el futuro **viviremos** mucho mejor.
   In der Zukunft werden wir viel besser leben.
2. **Tendrá** unos 30 años pero no menos.
   Er/Sie wird (wohl) etwa 30 Jahre alt sein, aber nicht weniger.
3. Si tenemos tiempo, te **visitaremos**.
   Wenn wir Zeit haben, werden wir dich besuchen.

Das **Futur** beschreibt Handlungen oder Zustände in der Zukunft (1).
Es wird aber auch gebraucht, um Vermutungen auszudrücken (2).
Zudem kann das **Futur** in einem realen Bedingungssatz der Gegenwart verwendet werden (3).

US

2 Das Passiv | La voz pasiva

Aktiv:

En 1978 los españoles aprobaron la Constitución.

Passiv:

En 1978 la Constitución fue aprobada (*por* los españoles).

A: Muchos países han introducido el euro.

P: El euro ha sido introducido *por* muchos países.

A: A veces la gente no entiende mis razones.

P: A veces mis razones no son entendidas (*por* la gente).

A: El mundo resolverá los problemas económicos.

P: Los problemas económicos serán resueltos (*por* el mundo).

Das Passiv wird aus ser + Partizip gebildet. Ser entspricht im Passiv dem deutschen „werden" und kann in allen Zeiten benutzt werden.

Das Partizip wird hier wie ein Adjektiv in Genus und Numerus angeglichen.

Dem Passiv liegt ein Satz im Aktiv zu Grunde. Das direkte Objekt des Aktivsatzes ist das Subjekt des Passivsatzes.

Das Subjekt des Aktivsatzes kann durch die Präposition **por** angeschlossen werden.

¡OJO!

Das Passiv wird im mündlichen Sprachgebrauch selten verwendet. Es taucht vor allem in Zeitungsberichten auf.

3 Konstruktionen mit *gerundio* | Construcciones con gerundio

Modalsatz (indem)

Paco lo ayuda **porque** le explica la gramática.

= Paco lo ayuda **explicándo**le la gramática.

Paco hilft ihm, **indem** er ihm die Grammatik erklärt.

Kausalsatz (weil)

No puede ir a trabajar **porque** está enfermo.

= No puede ir a trabajar **estando** enfermo.

Er kann nicht arbeiten gehen, **weil** er krank ist.

Temporalsatz (als)

Cuando salió de casa, se puso su abrigo.

= **Saliendo** de casa, se puso su abrigo.

Als er das Haus verließ, zog er seinen Mantel an.

Bedingungssatz (wenn)

Si piensas en las cosas antes, tienes menos problemas.

= **Pensando** en las cosas antes tienes menos problemas.

Wenn du früher nachdenkst, hast du weniger Probleme.

Paco le explica la gramática a Ana. **Así** la ayuda.

= Paco la ayuda **explicándole** la gramática.

Paco hilft ihr, **indem** er ihr die Grammatik erklärt.

Man kann mit dem **gerundio** einen Nebensatz (Modal-, Kausal-, Temporal- oder Bedingungssatz) verkürzen. Die genaue Bedeutung des **gerundio** wird dabei erst durch den Zusammenhang deutlich.

LERNTIPP

Denke daran, dass einige Verben ein unregelmäßiges **gerundio** haben oder eine besondere Schreibweise aufweisen (▶ S. 37, § 1).

Ebenso können mit dem **gerundio** zwei Hauptsätze miteinander verbunden werden, die in einer solchen Abhängigkeit zueinander stehen.

Hago los deberes **y** escucho música.

= Hago los deberes **escuchando** música.

Während ich die Hausaufgaben mache, höre ich Musik.

Das **gerundio** kann auch zwei Hauptsätze miteinander verbinden, die dasselbe Subjekt haben und in denen eine Gleichzeitigkeit zum Ausdruck kommt.

4 Das Plusquamperfekt | El pluscuamperfecto

Infinitiv		haber	Partizip
Singular	1.	había	
	2.	habías	
	3.	había	llegado
			comido
Plural	1.	habíamos	vivido
	2.	habíais	
	3.	habían	

Das Plusquamperfekt wird aus dem **imperfecto** von **haber** und dem Partizip Perfekt des Hauptverbs gebildet.

¡OJO!

Haber und das Partizip bilden – wie im **pretérito perfecto** – eine Einheit und dürfen nicht durch Pronomen oder andere Partikel (z. B. **no**) getrennt werden (▶ S. 83, § 2.2.).

En 2002 viví en Bilbao pero antes **había vivido** en Murcia.

Cuando Ana llegó a la fiesta, Teresa ya **se había ido**.

Durch das Plusquamperfekt wird wie im Deutschen eine Handlung ausgedrückt, die zeitlich gesehen vor einer anderen stattgefunden hat.

5 Die indirekte Rede in der Vergangenheit | El estilo indirecto en el pasado

direkte Rede	indirekte Rede
Ana:	Ana **dijo / decía / había** dicho que
«Llamo a Juan.»	**llamaba** a Juan.
«Lo he llamado.»	lo **había llamado**.
«Lo llamé.»	lo **había llamado**.
«Lo llamaré.»	lo **llamaría**.
«¡Llama a Juan!»	Ana me dijo que **llamara** a Juan.
aber:	
«Siempre lo llamaba.»	siempre lo llamaba.
«Lo llamaría.»	lo llamaría.

Wenn die indirekte Rede mit einem Verb in einer Zeit der Vergangenheit eingeleitet wird, findet oft eine Zeitenverschiebung statt.

Ob eine Zeitenverschiebung stattfindet oder nicht, hängt davon ab, in welcher Zeit das Verb, das die indirekte Rede einleitet, steht.

Diese Zeiten werden eine Zeitstufe zurückgesetzt:

presente	→ prétérito imperfecto
pretérito perfecto	→ pluscuamperfecto
pretérito indefinido	→ pluscuamperfecto
futuro	→ condicional
presente de subjuntivo	→ imperfecto de subjuntivo
imperativo	→ imperfecto de subjuntivo

Alle anderen Zeiten bleiben in der indirekten Rede unverändert.

Ana: «¿Cenamos en mi casa esta noche?»
Ana me preguntó si cenábamos en su casa aquella noche.

Ana: «Te voy a esperar aquí.»
Ana me dijo que me iba a esperar allí.

¡OJO!

Die Verben, Pronomen und Begleiter, Zeit- und Ortsangaben müssen in der indirekten Rede immer der veränderten Sprecherperspektive angepasst werden.

6 Die Possessivpronomen | Los pronombres posesivos

(el/los)	mío/s	(la/las)	mía/s
	tuyo/s		tuya/s
	suyo/s		suya/s
	nuestro/s		nuestra/s
	vuestro/s		vuestra/s
	suyo/s		suya/s

Neben den Possessivbegleitern (▶ S. 17, § 3), die immer vor dem Nomen stehen, gibt es in der spanischen Sprache auch noch die **Possessivpronomen**, die hinter dem Nomen stehen. Sie richten sich in Numerus und Genus nach dem Nomen, auf das sie sich beziehen.

Mira, ellos son amigos **míos**.
Fue una idea **tuya**, ¿verdad?
No es mi libro, es **suyo**.
Las fotos son **vuestras**, ¿verdad?

Die Possessivpronomen werden verwendet, wenn der „Besitz" bzw. die Zugehörigkeit besonders betont werden soll.

Tus ideas me gustan mucho pero **las suyas** no me gustan nada.
Gracias por tu número de teléfono. Aquí tienes **el mío**.

Die Possessivpronomen können, wenn sie mit einem bestimmten Artikel stehen, auch ohne Nomen stehen.

7 Das *pluscuamperfecto de subjuntivo* | El pluscuamperfecto de subjuntivo

Infinitiv		haber	Partizip
Singular	1.	hubiera	
	2.	hubieras	
	3.	hubiera	llegado
			comido
Plural	1.	hubiéramos	vivido
	2.	hubierais	
	3.	hubieran	

Das **pluscuamperfecto de subjuntivo** wird aus dem **imperfecto de subjuntivo** des Hilfsverbs **haber** und dem Partizip des Hauptverbs gebildet.

¡OJO!

Haber und das Partizip bilden – wie im **pretérito perfecto** und im **pluscuamperfecto** – eine Einheit und dürfen nicht durch Pronomen oder andere Partikel (z. B. **no**) getrennt werden (▶ S. 83, § 2.2.).

Si **hubieras estudiado** más, habrías sacado una mejor nota.

Das **pluscuamperfecto de subjuntivo** wird im irrealen Bedingungssatz der Vergangenheit verwendet (▶ S. 133, § 9).

8 Der Konditional II | El condicional compuesto

Infinitiv		haber	Partizip
Singular	1.	habría	
	2.	habrías	llegado
	3.	habría	comido
Plural	1.	habríamos	vivido
	2.	habrías	
	3.	habrían	

Der **Konditional II** wird aus dem Konditional des Hilfsverbs **haber** und dem Partizip des Hauptverbs gebildet.
Der **Konditional II** wird im irrealen Bedingungssatz der Vergangenheit verwendet (▶ S. 133, § 9).

9 Der irreale Bedingungssatz der Vergangenheit | La frase condicional irreal en pasado

Bedingungssatz	Hauptsatz
Si **hubiera tenido** tiempo, Wenn ich Zeit **gehabt hätte**,	**habría ido** a Madrid. **wäre** ich nach Madrid **gefahren**.
pluscuamperfecto de subjuntivo	condicional compuesto
Si **hubieras leído** el libro, Wenn du das Buch **gelesen hättest**,	**sabrías** que es interesante. **wüsstest** du (jetzt), dass es interessant ist.
pluscuamperfecto de subjuntivo	condicional

Eine irreale Bedingung in der Vergangenheit ist nicht mehr erfüllbar.
Ob das Verb im Hauptsatz im **condicional compuesto** oder im **condicional** steht, hängt davon ab, ob sich das Ereignis des Hauptsatzes auf die Vergangenheit oder auf die Gegenwart bezieht.

APRENDER MEJOR LA GRAMÁTICA

Grammatik wiederholen (2)

A Teile dir den Stoff in kleine Portionen ein. Wiederhole einmal pro Woche 15 Minuten lang frühere Grammatikkapitel, z. B. mithilfe deiner Grammatik-Karteikarten.

➡️ Fange mit dem **pretérito indefinido** an.
▶ S. 54, § 2

B Wiederhole zur Vorbereitung einer Klassenarbeit/Klausur rechtzeitig jeden Tag ein Grammatikkapitel, indem du dir die Beispiele und Regeln aus dem Grammatikheft sorgfältig durchliest und eine Übung aus dem Buch oder dem Cuaderno de ejercicios noch einmal machst.

➡️ Hier findest du die Übungen, mit denen du jeweils ein Grammatikkapitel wiederholen kannst:
- **futuro inmediato** ▶ Buch, S. 42/15b
- Indirekte Objektpronomen ▶ Buch, S. 53/4
- **pretérito indefinido** ▶ Buch, S. 81/5 und S. 86/16
- **pretérito imperfecto** ▶ Buch, S. 109/3

EJERCICIOS

EL FUTURO

1 Completa el crucigrama con la conjugación presente de estos verbos en futuro. | Vervollständige das Kreuzworträtsel mit der Präsensform der Verben.

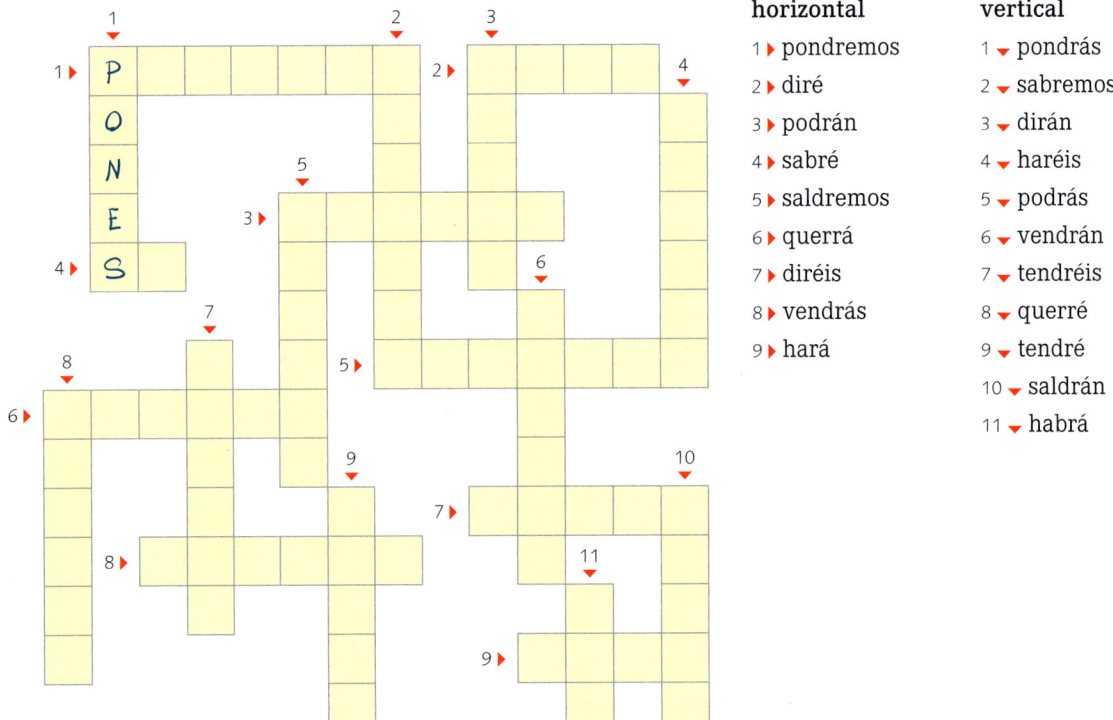

horizontal
1 ▶ pondremos
2 ▶ diré
3 ▶ podrán
4 ▶ sabré
5 ▶ saldremos
6 ▶ querrá
7 ▶ diréis
8 ▶ vendrás
9 ▶ hará

vertical
1 ▼ pondrás
2 ▼ sabremos
3 ▼ dirán
4 ▼ haréis
5 ▼ podrás
6 ▼ vendrán
7 ▼ tendréis
8 ▼ querré
9 ▼ tendré
10 ▼ saldrán
11 ▼ habrá

2 Completa el texto con las formas del futuro de los siguientes verbos. A veces hay más de una posibilidad.

| reunirse | tener | estar | ir | discutir | pasar | salir | ser | haber | hacer | poder |

¿Cómo será la vida de los jóvenes en el año 3000?

Eso no lo podemos saber todavía, pero creo que los estudiantes ya no _____ a los

institutos o a la universidad, porque _____ clases en casa a través de[1] internet.

Seguro que tampoco _____ libros, porque todo _____ en los

ordenadores portátiles. Los estudiantes _____ en salas virtuales[2] y

_____ los temas allí con el profesor.

▶

Probablemente la gente joven _____ hacer prácticas en cualquier parte del mundo,

porque ellos las _____ desde sus casas.

Seguro que los jóvenes también _____ por la noche como ahora, pero los bares y las

discotecas _____ más modernos. Y los chicos lo _____ muy

bien, ¡como nosotros ahora!   1 **a través de** durch, über – 2 **la sala virtual** *hier:* virtuelles Klassenzimmer

LA VOZ PASIVA

3 **La España de ayer y hoy. Lee las frases y pásalas a la voz pasiva o a la voz activa, como en el ejemplo.**

En 1936 un golpe de Estado **fue iniciado** por el general Francisco Franco y otros militares españoles.

En 1936 el general Francisco Franco y otros militares españoles iniciaron un golpe de Estado.

1. La Guerra Civil Española **causó** 700.000 muertos.

_____

2. En 1939 Franco **impuso** una dictadura en España.

_____

3. En 1978 la Constitución democrática española **fue aprobada** por una gran mayoría de los españoles.

_____

_____

4. El 1º de enero de 2002 España **introdujo** el euro como moneda oficial.

_____

_____

5. Hoy en día el Presidente de España **enfrenta** grandes retos.

_____

_____

6. ¿España podrá **superar** la crisis económica?

_____

7. El éxito de sus proyectos tendrá que **ser demostrado** por el presidente del gobierno español en el

    futuro.

_____

_____

4 **Escríbelo con gerundio. | Verbinde oder verkürze die Sätze, indem du anstatt der unterstrichenen Satzteile das *gerundio* verwendest.**

1. En 2008 Javier Bardem ganó un Óscar por la película «No es país para viejos». Así se convirtió en el primer actor español que gana este premio[1].

   _____

   _____

   _____

2. La novela «Inés y la alegría» habla de la vida de los españoles en los años 40 porque cuenta muchas historias de la guerra en aquellos años.

   _____

   _____

   _____

3. El director de cine Pedro Almodóvar hace películas muy interesantes mientras desarrolla personajes muy creativos.

   _____

   _____

   _____

4. Si hacemos una lista de los escritores más famosos de la literatura española del siglo XX y XXI, tenemos que incluir el nombre de Javier Marías.

   _____

   _____

   _____

5. Como el F. C. Barcelona ganó otra vez el título de Liga[2] el año pasado, sigue siendo el mejor equipo de España.

   _____

   _____

   _____

1 **el premio** Preis – 2 **el título de Liga** *hier:* Fußballmeisterschaft

5 Completa las frases con el pluscuamperfecto. Utiliza los verbos del cuadro.

| irse | comprar | quedar | regalar | llamar | dejar | organizar |

La semana pasada fue el cumpleaños de Lorena. Julio quería hacerle una fiesta, pero cuando habló con sus

amigos se dio cuenta de que ellos ya la _____. La fiesta era el viernes y todos

los chicos _____ a las ocho en el bar «Pepe», pero Julio llegó muy tarde. Cuan-

do llegó, buscó a sus amigos, pero ellos ya _____ a otro bar. Antes de irse,

Claudia, otra amiga _____ a Julio para decírselo pero Julio

_____ su móvil en casa. Por eso no estuvo en la fiesta. Al otro día Julio fue a

casa de Lorena. Le _____ el nuevo disco de «Chambao» de regalo[1], pero cuan-

do se lo dio, Lorena le dijo que Claudia ya se lo _____ en la fiesta. ¡Pobre Julio!

1 **de regalo** als Geschenk

6 En una fiesta conoces a Marina, una chica de Costa Rica. El día después le cuentas a un amigo tuyo lo
que te dijo Marina.

1. Marina: «Estoy aquí de vacaciones. Me invitó mi tía alemana.»

   Marina dijo que _____

   _____

2. «Mi tía antes vivía en Berlín, pero ahora vive en Hamburgo.»

   Marina explicó que _____

   _____

3. «Y tú, ¿has estado en Costa Rica alguna vez?»

   Me preguntó si _____

   _____

4. «Me parece importante que los jóvenes viajemos mucho para conocer otras culturas.»

   _____

   _____

US

▶

5. «Si puedo, volveré a Alemania algún día.»

_____

6. «¿Tienes ganas de visitarme en Costa Rica?»

_____

7. «¡No olvides mandarme las fotos de la fiesta!»

_____

8. «Estoy buscando a mi amiga Meike. ¿La has visto?»

_____

_____

LOS PRONOMBRES POSESIVOS

7 **Contesta las preguntas con un pronombre posesivo y el artículo correspondiente.**

Ejemplo: – ¿Esta no es tu mochila?
– *No, la mía es aquella que está sobre la silla.*

1. – ¿Estas son las gafas de Julia?

   – No, _____ son verdes y no negras. Creo que estas son las de Marco.

2. – Oye, mi abrigo es azul y el de mi amigo es gris. ¿No los has visto?

   – Sí, _____, el azul, está encima de la cama y _____,

   el gris, está detrás de la puerta.

3. – ¿Le pediste al profe nuestras notas?

   – ¿_____? Sí, se las pedí, pero no me las dijo. Dice que tenéis que hablar con

   él directamente.

4. – ¿Ellos son vuestros jefes?

   – No, _____ no son tan simpáticos... ¡Qué pena!

5. – ¿Qué pasó con las becas de Mariano y Eduardo? ¿Y los otros chicos?

   – Mariano y Eduardo sí recibieron _____, pero los otros chicos no las

   recibieron. ¡No es justo!

6. – ¿Te gusta tu móvil?

   – ¿Qué? ¿_____? No, no me gusta nada. Por eso quiero uno nuevo.

8 Elige la forma correcta de los verbos.

1. Si Sergio _____ el autobús en vez de su coche, no _____ un accidente.

☐ hubiera tomado / habría tenido   ☐ tomara / habría tenido   ☐ habría tomado / habría tenido

2. Si Alejandra no _____ a Alex en una fiesta, no _____ dos años después.

☐ habría conocido / se hubieran casado   ☐ hubiera conocido / se habrían casado

☐ conociera / se hubieran casado

3. Si Eva no _____ mucho dinero durante varios años, no _____ a Perú.

☐ ahorrara / viajara   ☐ habría ahorrado / habría viajado   ☐ hubiera ahorrado / habría viajado

4. Si _____ que estabas aquí, te _____ tus libros.

☐ supiera / trajera   ☐ habría sabido / trajera   ☐ hubiera sabido / habría traído

5. Si los españoles no _____ a América, los mexicanos de hoy _____ otras lenguas.

☐ hubieran llegado / hablarían   ☐ hubieran llegado / habrían hablado   ☐ llegaran / hablarían

9 Explica cómo habría sido todo, si estas cosas no hubieran pasado.

Ejemplo: El general Francisco Franco y otros militares españoles iniciaron un golpe de Estado en 1936. Así empezó la Guerra Civil Española.
Si el general Francisco Franco y otros militares no hubieran iniciado un golpe de Estado en 1936, no habría empezado la Guerra Civil Española.

1. En 1939 el general Francisco Franco ganó la Guerra Civil e impuso una dictadura en España.

_____

_____

2. Después de que Juan Carlos I fue coronado Rey de España, él pudo preparar el camino para que la democracia volviera.

_____

_____

3. Como el PSOE ganó las elecciones de 1982, Felipe González fue Presidente del Gobierno.

_____

_____

US

ANEXO

1 Aussprache | La pronunciación

Die Aussprache ist im Spanischen sehr regelmäßig. Einige Buchstaben oder Buchstabenkombinationen werden aber anders ausgesprochen als im Deutschen.

Konsonanten

Barcelona, también, el vecino, el vasco	am Wortanfang oder nach Konsonanten wie deutsches **b**; man hört zwischen **b** und **v** keinen Unterschied
los deberes, nuevo	zwischen zwei Vokalen wie weiches **b**, das fast wie ein **w** klingt; man hört zwischen **b** und **v** keinen Unterschied
el centro, la ciudad	**c** vor **e** und **i** wie **th** im Englischen: **bath**
la calle, poco, escuchar	**c** vor **a**, **o** und **u** wie **k** in **kilómetro**
el chico	wie **tsch** in **klatschen**
la gente, la página	**g** vor **e** und **i** wie **ch** in **machen**
la gorra, el inglés, alegre	vor allen anderen Buchstaben wie ein deutsches **g**
hola, la historia	wird nicht ausgesprochen
el hijo, el jueves	wie **ch** in **machen**
llamar, allí, el apellido	meist wie **j** in **Jacke**
el español, mañana	wie **nj** in **Injektion**
querer	wie **k** in **kilómetro**
pero, el centro	wird mit der Zungenspitze gerollt
el río, la gorra, la guitarra	**r** am Wortanfang oder **rr** wird länger gerollt als das einfache **r**
y, voy	alleinstehend oder am Wortende wie **i**
ya, ¡oye!	am Wortanfang oder zwischen zwei Vokalen wie **j** in **Jacke**
el zapato, feliz	wie **th** im Englischen: **bath**

Vokale und Diphthonge

qué, Miguel, la guitarra	Der Vokal **u** wird nach **q** und zwischen **g** und **e** bzw. **i** nicht ausgesprochen.
bailar, hay, Laura, bien, ciudad, estudiar, hoy, lengua, bueno, cuidado	Vokale in Verbindung mit **i** oder **u** bilden einen Doppellaut (Diphthong), der wie eine Silbe gesprochen wird.

seis, veinte	Die Vokale **e** und **i** bzw. **u** bilden einen Diphthong, wobei das **e** in etwa so klingt wie **e** in **Seismograph** bzw. **Drehung**.
euro	
el m**u**seo, el t**ea**tro	Wenn zwei aufeinander folgende Vokale **a**, **e** oder **o** sind, dann bilden sie zwei Silben (**mu**-se-o, te-a-tro).

Orthografie

llegar:	llegué, llegaste	Vor allem in Verbkonjugationen ändert sich oft die Schreibung, um bei der Aussprache einen Laut zu erhalten.
seguir:	sigo, sigues	
	seguí, seguiste	
coger:	cojo, coges	
explicar:	expliqué, explicaste	
empezar:	empecé, empezaste	
organizar:	organicé, organizaste	

2 Betonung und Akzent | La acentuación

pla-za	ha-**bla**-mos	Wörter, die auf -**n**, -**s** oder Vokal enden, werden auf der vorletzten Silbe betont.
ins-ti-**tu**-to	**vi**-ven	
le-**er**	ho-**rror**	Wörter, die auf Konsonant (außer -**n** und -**s**) enden, werden auf der letzten Silbe betont.
fe-no-me-**nal**	fe-**liz**	
fá-cil	es-cri-**bís**	Wörter, deren Betonung von diesen Regeln abweicht, haben einen Akzent auf der betonten Silbe.
mú-si-ca	ha-**bláis**	
ha-bi-ta-**ción**		
¡**Qué** fenomenal!		Ausrufewörter und Fragewörter haben immer einen Akzent, auch in der indirekten Frage.
¿**Cómo** te llamas?		
Me preguntan **cuándo** vuelvo.		
rí-o		Wenn -**i**- vor einem Vokal einen Akzent trägt, wird es als ganze Silbe gesprochen. Der Akzent verdeutlicht, dass das -**i**- und der folgende Vokal keinen Diphthong bilden.
ca-fe-te-**rí**-a		
dí-a		
la ha-bi-ta-**ción**, las ha-bi-ta-**cio**-nes		Wegen der Betonungsregeln fällt bei einigen Wörtern der Akzent weg oder es wird ein Akzent hinzugefügt:
el e-**xa**-men, los e-**xá**-me-nes		– bei Singular/Plural;
¡Le-**ván**-ta-te!		– bei angehängten Pronomen.
Está du-**chán**-do-se.		

mi	mein/e/s	a mí	mir, mich	Bei einigen Wörtern ist der Akzent wichtig für die Bedeutung des Wortes.
tu	dein/e/s	tú	du	
se	sich	sé	ich weiß	
el	Artikel	él	er	
si	ob	sí	ja, doch	

1 Los verbos auxiliares | Die Hilfsverben

infinitivo	ser	estar	haber	¡OJO!
presente	soy	estoy	he	
	eres	estás	has	
	es	está	ha	hay
	somos	estamos	hemos	
	sois	estáis	habéis	
	son	están	han	
pretérito indefinido	fui	estuve	hube	
	fuiste	estuviste	hubiste	
	fue	estuvo	hubo	hubo
	fuimos	estuvimos	hubimos	
	fuisteis	estuvisteis	hubisteis	
	fueron	estuvieron	hubieron	
pretérito imperfecto	era	estaba	había	
	eras	estabas	habías	
	era	estaba	había	había
	éramos	estábamos	habíamos	
	erais	estabais	habíais	
	eran	estaban	habían	
futuro simple	seré	estaré	haberé	
	serás	estarás	haberás	
	será	estará	haberá	
	seremos	estaremos	haberemos	
	seréis	estaréis	haberéis	
	serán	estarán	haberán	
imperativo	sé, sed	está, estad		
gerundio	siendo	estando	habiendo	
participio	sido	estado	habido	
presente de subjuntivo	sea	esté	haya	
	seas	estés	hayas	
	sea	esté	haya	haya
	seamos	estemos	hayamos	
	seáis	estéis	hayáis	
	sean	estén	hayan	
imperfecto de subjuntivo	fuera	estuviera	hubiera	
	fueras	estuvieras	hubieras	
	fuera	estuviera	hubiera	hubiera
	fuéramos	estuviéramos	hubiéramos	
	fuerais	estuvierais	hubierais	
	fueran	estuvieran	hubieran	

2 Los verbos regulares en -ar/-er/-ir | Die regelmäßigen Verben auf -ar/-er/-ir

2.1. Verbos en -ar

infinitivo	charlar	¡OJO!
presente	charlo charlas charla charlamos charláis charlan	actuar: actúo, actúas, actúa, actúan
pretérito indefinido	charlé charlaste charló charlamos charlasteis charlaron	tocar: toqué, tocaste... ebenso: buscar, explicar, pescar, practicar, sacar, significar apagar: apagué, apagaste... ebenso: agregar, apagar, naufragar, obligar, pagar, pegar cruzar: crucé, cruzaste... ebenso: actualizar, alcanzar, cazar, esclavizar, organizar
pretérito imperfecto	charlaba charlabas charlaba charlábamos charlabais charlaban	
futuro simple	charlaré charlarás charlará charlaremos charlaréis charlarán	
imperativo	charla, charlad	actuar: actúa
gerundio	charlando	
participio	charlado	
presente de subjuntivo	charle charles charle charlemos charléis charlen	tocar: toque, toques... ebenso: buscar, explicar, pescar, practicar, sacar, significar apagar: apague, apagues... ebenso: agregar, apagar, naufragar, obligar, pagar, pegar cruzar: cruce, cruces... ebenso: actualizar, alcanzar, cazar, esclavizar, organizar actuar: actúe, actúes, actúe, actúen
imperfecto de subjuntivo	charlara charlaras charlara charláramos charlarais charlaran	

2.2. Verbos en -er

infinitivo	comer	¡OJO!
presente	como comes come comemos coméis comen	recoger: recojo, recoges... ebenso: acoger, proteger
pretérito indefinido	comí comiste comió comimos comisteis comieron	creer: creyó, creyeron leer: leyó, leyeron
pretérito imperfecto	comía comías comía comíamos comíais comían	
futuro simple	comeré comerás comerá comeremos comeréis comerán	
imperativo	come, comed	
gerundio	comiendo	creer: creyendo leer: leyendo
participio	comido	
presente de subjuntivo	coma comas coma comamos comáis coman	recoger: recoja, recojas... ebenso: acoger, proteger
imperfecto de subjuntivo	comiera comieras comiera comiéramos comierais comieran	

2.3. Verbos en -ir

infinitivo	vivir	¡OJO!
presente	vivo vives vive vivimos vivís viven	salir: salgo, sales... reunir(se): (me) reúno, (te) reúnes, (se) reúne, (se) reúnen
pretérito indefinido	viví viviste vivió vivimos vivisteis vivieron	
pretérito imperfecto	vivía vivías vivía vivíamos vivíais vivían	
futuro simple	viviré vivirás vivirá viviremos viviréis vivirán	
imperativo	vive, vivid	salir: sal reunir(se): reúne
gerundio	viviendo	
participio	vivido	abrir: abierto escribir: escrito descubrir: descubierto
presente de subjuntivo	viva vivas viva vivamos viváis vivan	reunir(se): (me) reúna, (te) reúnas, (se) reúna, (se) reúnan
imperfecto de subjuntivo	viviera vivieras viviera viviéramos vivierais vivieran	

3 Los grupos de verbos | Die Gruppenverben

3.1. Verbos con diptongación: e → ie

infinitivo	pensar	¡OJO!		entender	¡OJO!
presente	pienso			entiendo	
	piensas			entiendes	
	piensa			entiende	
	pensamos			entendemos	
	pensáis			entendéis	
	piensan			entienden	
pretérito indefinido	pensé	empezar: empecé, empezaste...		entendí	preferir: prefirió, prefirieron
	pensaste			entendiste	
	pensó	fregar: fregué, fregaste...		entendió	ebenso: convertir(se), divertir(se), sentir(se)
	pensamos			entendimos	
	pensasteis			entendisteis	querer: quise, quisiste...
	pensaron			entendieron	
pretérito imperfecto	pensaba			entendía	
	pensabas			entendías	
	pensaba			entendía	
	pensábamos			entendíamos	
	pensabais			entendíais	
	pensaban			entendían	
futuro simple	pensaré			entenderé	querer: querré, querras, ...
	pensarás			entenderás	
	pensará			entenderá	
	pensaremos			entenderemos	
	pensaréis			entenderéis	
	pensarán			entenderán	
imperativo	piensa, pensad			entiende, entended	
gerundio	pensando			entendiendo	preferir: prefiriendo ebenso: convertir(se), divertir(se), sentir(se)
participio	pensado			entendido	
presente de subjuntivo	piense			entienda	preferir: prefiramos, prefiráis...
	pienses			entiendas	
	piense			entienda	ebenso: convertir(se), divertir(se), sentir(se)
	pensemos			entendamos	
	penséis			entendáis	
	piensen			entiendan	
imperfecto de subjuntivo	pensara			entendiera	preferir: prefiriera, prefirieras...
	pensaras			entendieras	
	pensara			entendiera	ebenso: convertir(se), divertir(se), sentir(se)
	pensáramos			entendiéramos	
	pensarais			entendierais	querer: quisiera, quisieras...
	pensaran			entendieran	

ebenso: apretar, cerrar, nevar, sentar(se)   ebenso: defender(se), encender, perder(se)

3.2. Verbos con diptongación: o → ue

infinitivo	encontrar	¡OJO!		mover	¡OJO!
presente	encuentro			muevo	torcer: tuerzo, tuerces...
	encuentras			mueves	
	encuentra			mueve	
	encontramos			movemos	
	encontráis			movéis	
	encuentran			mueven	
pretérito indefinido	encontré	colgar: colgué, colgaste...		moví	poder: pude, pudiste...
	encontraste			moviste	dormir: durmió,
	encontró			movió	durmieron
	encontramos			movimos	ebenso: morir(se)
	encontrasteis			movisteis	
	encontraron			movieron	
pretérito imperfecto	encontraba			movía	
	encontrabas			movías	
	encontraba			movía	
	encontrábamos			movíamos	
	encontrabais			movíais	
	encontraban			movían	
futuro simple	encontraré			moveré	
	encontrarás			moverás	
	encontrará			moverá	
	encontraremos			moveremos	
	encontraréis			moveréis	
	encontrarán			moverán	
imperativo	encuentra,			mueve,	
	encontrad			moved	
gerundio	encontrando			moviendo	dormir: durmiendo
					ebenso: morir(se)
participio	encontrado			movido	morir(se): muerto
					volver: vuelto
					ebenso: devolver, en-volver, resolver(se)
presente de subjuntivo	encuentre	colgar: cuelgue, cuelgues...		mueva	dormir: durmamos,
	encuentres			muevas	durmáis
	encuentre			mueva	ebenso: morir(se)
	encontremos			movamos	
	encontréis			mováis	
	encuentren			muevan	
imperfecto de subjuntivo	encontrara			moviera	
	encontraras			movieras	
	encontrara			moviera	
	encontráramos			moviéramos	
	encontrarais			movierais	
	encontraran			movieran	

ebenso: acordarse, comprobar, contar, costar, demostrar, mostrar, recordar, sonar, volar

ebenso: doler, llover

3.3 El verbo jugar: u → ue

infinitivo	jugar
presente	juego
	juegas
	juega
	jugamos
	jugáis
	juegan
pretérito indefinido	jugué
	jugaste
	jugó
	jugamos
	jugasteis
	jugaron
pretérito imperfecto	jugaba
	jugabas
	jugaba
	jugábamos
	jugabais
	jugaban
futuro simple	jugaré
	jugarás
	jugará
	jugaremos
	jugaréis
	jugarán
imperativo	juega, jugad
gerundio	jugando
participio	jugado
presente de subjuntivo	juegue
	juegues
	juegue
	juguemos
	juguéis
	jueguen
imperfecto de subjuntivo	jugara
	jugaras
	jugara
	jugaráramos
	jugarais
	jugaran

3.4. Verbos con debilitación vocálica: e → i

seguir	¡OJO!
sigo	elegir: elijo, eliges...
sigues	
sigue	
seguimos	
seguís	
siguen	
seguí	
seguiste	
siguió	
seguimos	
seguisteis	
siguieron	
seguía	
seguías	
seguía	
seguíamos	
seguíais	
seguían	
seguiré	
seguirás	
seguirá	
seguiremos	
seguiréis	
seguirán	
sigue, seguid	
siguiendo	
seguido	
siga	elegir: elija, elijas...
sigas	
siga	
sigamos	
sigáis	
sigan	
siguiera	
siguieras	
siguiera	
siguiéramos	
siguierais	
siguieran	

ebenso: **despedirse**, **pedir**, **repetir**, **servir**

3.5. Verbos del tipo conocer: c → zc

infinitivo	conocer	¡OJO!
presente	conozco	
	conoces	
	conoce	
	conocemos	
	conocéis	
	conocen	
pretérito indefinido	conocí	producir: produje, produjiste...
	conociste	
	conoció	
	conocimos	
	conocisteis	
	conocieron	
pretérito imperfecto	conocía	
	conocías	
	conocía	
	conocíamos	
	conocíais	
	conocían	
futuro simple	conoceré	
	conocerás	
	conocerá	
	conoceremos	
	conoceréis	
	conocerán	
imperativo	conoce, conoced	
gerundio	conociendo	
participio	conocido	
presente de subjuntivo	conozca	
	conozcas	
	conozca	
	conozcamos	
	conozcáis	
	conozcan	
imperfecto de subjuntivo	conociera	
	conocieras	
	conociera	
	conociéramos	
	conocierais	
	conocieran	

ebenso: conocerse, crecer, nacer, ofrecer, parecer, reconocer

3.6. Verbos del tipo construir

construir
construyo
construyes
construye
construimos
construís
construyen
construí
construiste
construyó
construimos
construisteis
construyeron
construía
construías
construía
construíamos
construíais
construían
construiré
construirás
construirá
construiremos
construiréis
construirán
construye, construid
construyendo
construido
construya
construyas
construya
construyamos
construyáis
construyan
construyera
construyeras
construyera
construyéramos
construyerais
construyeran

ebenso: destruir

4 Los verbos irregulares | Die unregelmäßigen Verben

infinitivo	decir	hacer	ir	saber
presente	digo	hago	voy	sé
	dices	haces	vas	sabes
	dice	hace	va	sabe
	decimos	hacemos	vamos	sabemos
	decís	hacéis	vais	sabéis
	dicen	hacen	van	saben
pretérito indefinido	dije	hice	fui	supe
	dijiste	hiciste	fuiste	supiste
	dijo	hizo	fue	supo
	dijimos	hicimos	fuimos	supimos
	dijisteis	hicisteis	fuisteis	supisteis
	dijeron	hicieron	fueron	supieron
pretérito imperfecto	decía	hacía	iba	sabía
	decías	hacías	ibas	sabías
	decía	hacía	iba	sabía
	decíamos	hacíamos	íbamos	sabíamos
	decíais	hacíais	ibais	sabíais
	decían	hacían	iban	sabían
futuro simple	diré	haré	iré	sabré
	dirás	harás	irás	sabrás
	dirá	hará	irá	sabrá
	diremos	haremos	iremos	sabremos
	diréis	haréis/harán	iréis	sabréis
	dirán	harán	irán	sabrán
imperativo	di, decid	haz, haced	ve, id	sabe, sabed
gerundio	diciendo	haciendo	yendo	sabiendo
participio	dicho	hecho	ido	sabido
presente de subjuntivo	diga	haga	vaya	sepa
	digas	hagas	vayas	sepas
	diga	haga	vaya	sepa
	digamos	hagamos	vayamos	sepamos
	digáis	hagáis	vayáis	sepáis
	digan	hagan	vayan	sepan
imperfecto de subjuntivo	dijera	hiciera	fuera	supiera
	dijeras	hicieras	fueras	supieras
	dijera	hiciera	fuera	supiera
	dijéramos	hiciéramos	fuéramos	supiéramos
	dijerais	hicierais	fuerais	supierais
	dijeran	hicieran	fueran	supieran

ebenso: irse

infinitivo	venir	ver	caerse	dar
presente	vengo	veo	me caigo	doy
	vienes	ves	te caes	das
	viene	ve	se cae	da
	venimos	vemos	nos caemos	damos
	venís	veis	os caéis	dais
	vienen	ven	se caen	dan
pretérito indefinido	vine	vi	me caí	di
	viniste	viste	te caíste	diste
	vino	vio	se cayó	dio
	vinimos	vimos	nos caímos	dimos
	vinisteis	visteis	os caísteis	disteis
	vinieron	vieron	se cayeron	dieron
pretérito imperfecto	venía	veía	me caía	daba
	venías	veías	te caías	dabas
	venía	veía	se caía	daba
	veníamos	veíamos	nos caíamos	dábamos
	veníais	veíais	os caíais	dabais
	venían	veían	se caían	daban
futuro simple	vendré	veré	me caeré	daré
	vendrás	verás	te caerás	darás
	vendrá	verá	se caerá	dará
	vendremos	veremos	nos caeremos	daremos
	vendréis	veréis	os caeréis	daréis
	vendrán	verán	se caerán	darán
imperativo	ven, venid	ve, ved	cáete, caeos	da, dad
gerundio	viniendo	viendo	cayendo	dando
participio	venido	visto	caído	dado
presente de subjuntivo	venga	vea	me caiga	dé
	vengas	veas	te caigas	des
	venga	vea	se caiga	dé
	vengamos	veamos	nos caigamos	demos
	vengáis	veáis	os caigáis	deis
	vengan	vean	se caigan	den
imperfecto de subjuntivo	viniera	viera	me cayera	diera
	vinieras	vieras	te cayeras	dieras
	viniera	viera	se cayera	diera
	viniéramos	viéramos	nos cayéramos	diéramos
	vinierais	vierais	os cayerais	dierais
	vinieran	vieran	se cayeran	dieran
	ebenso: provenir			ebenso: darse

infinitivo	oír	poner	reír	traer	tener
presente	oigo	pongo	río	traigo	tengo
	oyes	pones	ríes	traes	tienes
	oye	pone	ríe	trae	tiene
	oímos	ponemos	reímos	traemos	tenemos
	oís	ponéis	reís	traéis	tenéis
	oyen	ponen	ríen	traen	tienen
pretérito indefinido	oí	puse	reí	traje	tuve
	oíste	pusiste	reíste	trajiste	tuviste
	oyó	puso	rio	trajo	tuvo
	oímos	pusimos	reímos	trajimos	tuvimos
	oísteis	pusisteis	reísteis	trajisteis	tuvisteis
	oyeron	pusieron	rieron	trajeron	tuvieron
pretérito imperfecto	oía	ponía	reía	traía	tenía
	oías	ponías	reías	traías	tenías
	oía	ponía	reía	traía	tenía
	oíamos	poníamos	reíamos	traíamos	teníamos
	oíais	poníais	reíais	traíais	teníais
	oían	ponían	reían	traían	tenían
futuro simple	oiré	pondré	reiré	traeré	tendré
	oirás	pondrás	reirás	traerás	tendrás
	oirá	pondrá	reirá	traerá	tendrá
	oiremos	pondremos	reiremos	traeremos	tendremos
	oiréis	pondréis	reiréis	traeréis	tendréis
	oirán	pondrán	reirán	traerán	tendrán
imperativo	oye, oíd	pon, poned	ríe, reíd	trae, traed	ten, tened
gerundio	oyendo	poniendo	riendo	trayendo	teniendo
participio	oído	puesto	reído	traído	tenido
presente de subjuntivo	oiga	ponga	ría	traiga	tenga
	oigas	pongas	rías	traigas	tengas
	oiga	ponga	ría	traiga	tenga
	oigamos	pongamos	riamos	traigamos	tengamos
	oigáis	pongáis	riais	traigáis	tengáis
	oigan	pongan	rían	traigan	tengan
imperfecto de subjuntivo	oyera	pusiera	riera	trajera	tuviera
	oyeras	pusieras	rieras	trajeras	tuvieras
	oyera	pusiera	riera	trajera	tuviera
	oyéramos	pusiéramos	riéramos	trajéramos	tuviéramos
	oyerais	pusierais	rierais	trajerais	tuvierais
	oyeran	pusieran	rieran	trajeran	tuvieran
		ebenso:	ebenso:	ebenso:	ebenso:
		disponer, oponer, ponerse, proponer, suponer	sonreír	atraer	entretener

el adjetivo	Adjektiv, Eigenschaftswort	**bueno/-a, grande, difícil**
el adverbio	Adverb	tocar **bien** la guitarra
el artículo determinado	bestimmter Artikel	**el** amigo, **la** chica, **los** ríos, **las** gorras
el artículo indeterminado	unbestimmter Artikel	**un** chico, **una** amiga, **unos** vaqueros, **unas** gafas
el comparativo	Komparativ, Vergleich	**más** interesante **que**, **menos** caro **que**
el complemento directo	direktes Objekt	Tengo **una mochila roja.** Busco **a Ana.**
el complemento indirecto	indirektes Objekt	Doy el libro **a Ana.**
el condicional	Konditional	**llamaría, comerías, vendríais**
la conjunción	Konjunktion, Bindewort	**y, o, pero, porque**
la consonante	Mitlaut, Konsonant	**b, c, d, f, l, ll, r**
el determinante demostrativo	hinweisender Begleiter, Demonstrativbegleiter	**este** chico, **esas** zapatillas
el determinante indefinido	unbestimmter Begleiter, Indefinitbegleiter	**mucho** dinero, **pocas** semanas
el determinante posesivo	besitzanzeigender Begleiter, Possessivbegleiter	**tu** mochila, **nuestro** instituto
el diptongo	Doppellaut, Diphthong	b**ue**no, b**ai**lar, qu**ie**ro, **au**la
el estilo indirecto	indirekte Rede	Dice **que no puede venir.**
femenino/-a	weiblich, feminin	**la** chica
la forma irregular	unregelmäßige Form	**voy, tengo, digo**
la forma regular	regelmäßige Form	**hablo, comes, pasé**
el futuro	Futur, Zukunft	**llamaré, comerás, vendréis**
el futuro inmediato	unmittelbares Futur	**Voy a pasar** las vacaciones en Madrid.
el género	Geschlecht, Genus (Maskulinum, Femininum)	el móvil (maskulin), la chica (feminin)
el gerundio	gerundio (Verlaufsform)	**trabajando, escribiendo**
el imperativo	Befehlsform, Imperativ	**¡habla!, ¡hablad!**
el indicativo	Indikativ	**escribe** una carta
el infinitivo	Grundform (des Verbs), Infinitiv	**hablar, leer, escribir**
la interrogación indirecta	indirekte Frage	Mis amigos preguntan **si voy o no.**
masculino/-a	männlich, maskulin	**el** libro

la negación	Verneinung	**No** duerme. **No** quiere ver a **nadie.**
el número	Zahl, Numerus	el regalo (Singular), las guitarras (Plural)
el número ordinal	Ordnungszahl	el **primer** día, la **segunda** semana
el objeto in(directo)	(in)direktes Objekt (indirektes Objekt: wem?, direktes Objekt: wen?, was?)	Explico <u>los deberes</u> <u>a mi amigo.</u>
la oración principal	Hauptsatz	**Roberto no quiere ir al cine** porque no tiene dinero.
la oración relativa	Relativsatz	Tomás es el chico **que lleva gafas y cazadora.**
la oración subordinada	Nebensatz	Roberto no quiere ir al cine **porque no tiene dinero.**
la oración temporal	Temporalsatz	**Cuando Ana salió de casa**, llegó Diego.
la palabra interrogativa	Fragewort	**¿Qué** lenguas hablas?, **¿Cuántos** años tienes?
el participio	Partizip	**hablado, hecho, dicho**
la persona	Person (1./2./3. Person)	**Ella se llama** (3. Person Singular) Ana.
el plural	Mehrzahl, Plural	los amigo**s**, las flore**s**
la preposición	Verhältniswort, Präposition	**a, de, delante de, para**
el presente	Gegenwart, Präsens	Hoy ella **escribe** una tarjeta.
el pretérito imperfecto	Imperfekt	**trabajaba, sabías, vivíamos**
el pretérito indefinido	indefinido (Vergangenheitsform)	**trabajé, comieron**
el pretérito perfecto	Perfekt (Vergangenheitsform)	**he trabajado, han comido**
el pretérito pluscuamperfecto	Plusquamperfekt	**había** venido, **habíais** salido
el pronombre de complemento directo	direktes Objektpronomen, Akkusativpronomen	¿Y Roberto? No **lo** veo.
el pronombre de complemento indirecto	indirektes Objektpronomen, Dativpronomen	Diego **le** manda un mensaje a Sandra.
el pronombre demostrativo	Demonstrativpronomen, hinweisendes Pronomen	**este, esa, aquellos**
el pronombre indefinido	Indefinitpronomen, unbestimmtes Pronomen	**alguien, nadie, algo, nada**

el pronombre interrogativo	Fragepronomen, Interrogativpronomen	¿**Quién** es?, ¿**Dónde** vive?, ¿**Cuál** quieres?
el pronombre personal	persönliches Fürwort, Personalpronomen	**yo, tú, él, nosotros/-as, mí, ti**
el pronombre personal sujeto	Subjektpronomen	**Yo** me llamo David, **ella** es Laura.
el pronombre posesivo	Possessivpronomen, besitzanzeigendes Fürwort	(el) **mío**, (el) **suyo**
el pronombre reflexivo	rückbezügliches Fürwort, Reflexivpronomen	El **se** ducha. ¿No **te** acuerdas?
el pronombre relativo	Relativpronomen	el parque **que** ves
el singular	Einzahl, Singular	un profesor, la amiga
el subjuntivo	*subjuntivo*	prefiero que **sea** así
el sujeto	Subjekt (wer?)	**Pablo** charla con Úrsula.
el superlativo	Superlativ	el chico **más alto**, el **mejor** amigo
el superlativo absoluto	absoluter Superlativ	carísimo, riquísimas
el sustantivo	Substantiv, Nomen	el **parque**, la **dirección**
el verbo	Zeitwort, Verb	**estudiar, mandar, comer**
el verbo auxiliar	Hilfsverb	**haber, estar, ser, ir**
el verbo modal	Modalverb	**poder** ver, **tener que** estudiar, **querer** irse
el verbo reflexivo	rückbezügliches Verb, reflexives Verb	**ducharse, levantarse, irse**
la vocal	Selbstlaut, Vokal	**a, e, i, o, u**
la voz pasiva	Passiv	El libro **fue escrito** por Javier Marías.

A: GRAMÁTICA	**A: GRAMÁTICA**
Genus der Nomen	**GENUS**
1. allgemein: **-o** → maskulin; **-a**, **-ión**, **-dad** → feminin: el chico, la chica, la solución, la ciudad	-o → ♂ -a/-ión/-dad → ♀
2. **-ista** → maskulin oder feminin: el taxista, la taxista	-ista → ♂ / ♀
3. **el** tema, **el** problema, **el** día (¡Buenos días!)	Beachte die Ausnahmen!
4. **la** mano, **la** disco (= la discoteca), **la** foto (= la fotografía)	
Konkordanz zwischen Subjekt und Verb	**BEZUG**
La gente baila. (**Singular**)	La gente baila.
Las fiestas me gust**an**. (**Plural**)	Las fiestas me gust**an**.
Konkordanz zwischen Adjektiv/Begleiter und Nomen	**BEZUG**
un chico activ**o**; una chica guap**a**; pregunta**s** interesante**s**	un chico activ**o**
Est**os** barri**os** son tranquil**os**.	ide**as** interesant**es**,
Est**a** chica es María. Est**e** chico es Pablo.	est**e** chico, otr**a** chica
Ser, estar, hay	**SER, ESTAR, HAY**
Ana **es** mi amiga. **Está** en Madrid. En Madrid **hay** muchos estudiantes.	**Es** mi amigo. **Está** en Madrid.
Es simpática. **Está** contenta en Madrid.	**Hay** pan y queso.
También oder tampoco	**TAMBIÉN/TAMPOCO**
– Hablo francés. – Yo **también**.	sí – **también**
– No hablo chino. – Yo **tampoco**.	no – **tampoco**
Präposition *a* vor belebtem direkten Objekt	**„A" + PERSON**
Busco mi libro. Busco **a** <u>mi padre</u>.	Busca **a** su hermana.
Unterscheidung von Personalpronomen und Possessivbegleitern	**PRONOMEN**
mí/mi → El regalo es para **mí** / Ana es **mi** amiga.	mí/mi
tú/tu → ¿**Tú** eres de Madrid? / Pablo es **tu** amigo, ¿verdad?	tú/tu
Muy oder mucho	**MUY/MUCHO**
vor einem Adjektiv: **muy** › La fiesta es **muy** buena.	muy + Adjektiv
vor einem Nomen: **mucho/-a/s** (Adjektiv) → Hay **mucha** gente en la fiesta.	mucho/-a/s + Nomen
nach einem Verb: **mucho** (Adverb) → Ana baila **mucho**.	Verb + mucho
B: ORTOGRAFÍA	**B: ORTOGRAFÍA**
Keine doppelten Konsonanten im Spanischen	
tenis, interesante, como, Tenerife	~~nn, ss, mm, tt~~, etc.
Ausnahmen: cc, rr, ll (eigener Buchstabe) → tradu**cc**ión, abu**rr**ido, **ll**amar	cc, rr, ll
Kein „th", „ph", „sy" im Spanischen	
Thema → el <u>t</u>ema, Philisophie → la <u>f</u>iloso<u>f</u>ía, symphatisch→ <u>s</u>impático, Situation → la situa<u>ción</u>	~~th, ph, sy, tión~~
Die Buchstaben c/z [θe] und c/qu [k]	c/z [θe] und c/qu [k]
z vor a, o, u und am Wortende → ti**z**a, **z**ona, **z**umo, feli**z**; **c** vor e, i → **c**ine, felices; **c** vor a, o, u → **c**hica, **c**hico, **c**uatro; **qu** vor e, i → quin**c**e, **qu**e	z + a, o, u, a / c + e, i c + a, o, u / qu + e, i

Du kannst diese Spalte abtrennen und neben den Text legen, den du korrigieren möchtest.

✂

INDEX

Die Angaben beziehen sich auf die Seitenzahlen.

BILDQUELLEN

© Cornelsen, Nusser, S. 61 – iStockphoto: © bobbieo, S. 13 – © jacomstephens, S. 122 – © spfoto, S. 102 – shutterstock: © GorillaAttack, S. 53 – © Staatliches Fremdenverkehrsamt Spanien, S. 24, S. 30, S. 110.

© ullstein bild/Granger Collection, S. 59 – © ullstein bild/Sipa, S. 128.